ドメスティック・バイオレンス と裁判 日米の実践

NMP研究会+大西祥世 編著

現代人文社

Domestic Violence

序文

　人権フォーラム21は，若手の研究者，大学院生を中心に，「国内人権システム国際比較プロジェクト（NMP）」を立ち上げ，世界各国の人権保護システムを比較研究して，日本の人権政策を提言する活動をしています。検討している中身は広範囲に及びますが，その中ではドメスティック・バイオレンス関連の人権保護システムのあり方も重要な論点となっています。

　アメリカ，とくにワシントンD.C.に注目しておりますのは，従来「民事」と「刑事」の裁判でバラバラに行っていたDV被害者の保護・救済を，新しい統合的な法廷を作り出して，一つの法廷で一括して行うという，世界的にも画期的な試みをしているからです。また，ここには，裁判所が既存の制度では潜在化してしまう人権侵害を掘り起こし，被害者を救済しようとするあたたかいヒューマンな視点があります。こうしたDVに関する統合法廷は，おそらく今後，日本も含めて広く注目され，その影響も広まることと思います。われわれにとっても，学問的な関心をかきたてられるだけでなく，新しい人権保護システムを検討する上での大きな励ましにもなっています。そこで，昨年の秋に大西祥世研究員を現地ワシントンD.C.に派遣して，DV法廷と関連諸機関，NGOの調査研究を行いました。

　これまで，この法廷については，日本ではほとんど知られていません。昨年末に現地調査の報告書を刊行したところ，大きな驚きとともに高い評価をいただくことができました。そこで，本年1月にワシントンD.C.からDV法廷の設立と運営に最も貢献されている関係者をお招きして「DVの司法的救済・日米フォーラム」を開催し，その成果とともに，本書にまとめました。皆様が日本の制度のあり方をお考えになるときにご参考になれば幸いです。

　NMPによるDV法廷現地調査（第1期）及び報告書作成には，（財）アジア女性基金NGO活動支援を得ました。「DVの司法的救済・日米フォーラム」は，日本労働組合総連合会と（社）自由人権協会と共に開催し，ご支援をいただきました。また，短期間で出版が可能になったのは，ひとえに現代人文社の成澤壽信社長のお力によります。皆様に厚く御礼申し上げます。

人権フォーラム21事務局長，NMP研究会代表
山崎　公士

- 序文 …………………………………………………………………………… 1
- 事例報告／サラの場合 ………………………………………………………… 4
- 本書の構成 ……………………………………………………………………… 8

第❶部
立遅れた司法的救済──日本の場合

第1章 日本の現状──実務家の立場から …………………………………… 12
- 1 報告1 被害者が逃げるとき…林 紀子 ……………………………… 12
- 2 報告2 加害者と別れるとき…海老原夕美 …………………………… 16
  - 資料／日本弁護士連合会両性の平等に関する委員会 ………………… 19
    ドメスティック・バイオレンス防止法案（2001年3月30日）

第2章 立法化の動き ………………………………………………………… 26
- 1 報告3 自由人権協会案…市毛由美子 ………………………………… 26
  - 資料／(社)自由人権協会ドメスティック・バイオレンス禁止法案（2000年8月2日）… 29
- 2 参議院共生社会に関する調査会の活動 ………………………………… 35
  - 資料／参議院共生社会に関する調査会女性に対する暴力に関するプロジェクトチーム ……… 38
    配偶者から暴力の防止及び被害者の保護に関する法律案骨子（案）（2001年1月31日）

第❷部
DVへの法的対応の進展──ワシントンD.C.の場合

第3章 司法制度の改善 ……………………………………………………… 42
- 報告…ステファン・G・ミリケン ………………………………………… 42

第4章 NGOとの協働 ………………………………………………………… 51
- 報告…デボラ・エプスタイン ……………………………………………… 51

ドメスティック・バイオレンス
と裁判 日米の実践 目次

Domestic
Violence

第❸部
現地レポート／ワシントンD.C.DV法廷の実践と課題

第5章 DV法廷の試み ·····62
1 DV法廷 ·····63
- 1.設置の背景及び経緯 ·····63
- 2.DV法廷の内容 ·····67
- 3.体制 ·····74
- 4.年間処理件数 ·····78

2 DV法廷の成果及び問題点 ·····80
- 1.被害者の救済の進展 ·····80
- 2.克服された法的問題点 ·····81
- 3.証拠の共有 ·····83
- 4.他の法廷との管轄の調整 ·····84
- 5.マイノリティの権利の確保 ·····85

第6章 関連機関の連携 ·····88
1 DV法廷関連機関(民事) ·····88
- 1.DV法廷受付センター ·····88
- 2.受付センター内のNGO・諸機関によるサービス ·····91

2 DV法廷関連機関(刑事) ·····96
- 1.合衆国検察局性犯罪DV課 ·····96
- 2.合衆国検察局被害者証言支援係 ·····99
- 3.ワシントンD.C.首都警察受付センター駐在所 ·····102

3 DV被害者支援のNGO ·····102
- 1.法律支援NGO ·····103
- 2.シェルター ·····108
- 3.その他のNGO ·····112

4 DV法廷の今後の課題 ·····115
- 1.キャパシティ ·····115
- 2.他の人権問題との関連 ·····117

資料／民事保護命令書式 ·····124
参考文献 ·····130

事例報告／サラの場合

ケンとの出会い、そして暴力

　サラは、1年前に当時の夫とワシントンD.C.に引っ越してきた。その直後に息子を出産したが、夫とは不仲になって離婚した。サラは赤ん坊と一緒に見知らぬ土地にいることになり、お金も、住む家も、友達もいない生活であることを思い知らされた。仕事も見つけられなかった。そこで、離婚後の1ヶ月間は、ホームレスのためのシェルターに入所していた。

　このシェルターで、サラはケンと出会った。彼もまたホームレスであった。ケンはとても良い人に見えたので親しく付き合うようになった。2人でお金を出し合ってアパートに入居する保証金を支払うことができた。そして、一緒に住むようになった。

　ところが、同居後わずか1ヵ月で、ケンは急に暴力をふるうようになった。ある日、サラをアパートに閉じ込めた。ケンは、2日間、サラを殴りつづけ、首をしめ、喉元にナイフを突きつけることもした。電話機をトランクの中に隠して鍵をかけたので、サラは外に助けを求めることもできなかった。

　それでもサラは2日目の夜、とうとうアパートから逃げ出し、道の角にある公衆電話まで走って警察に通報した。警察官がやってきて、一応ケンを逮捕し、手錠をかけて連行したが、30分後にケンは戻ってきた。警察官が釈放したに違いなかった。サラは危うく逃れて家を飛び出した。ケンはナイフを手に持ってサラを追いかけた。ケンは別の警察官に再逮捕された。

　サラは、ケンが報復のためにより一層激しい暴力をふるうのではないかと不安で震えていた。ケンを再逮捕した警察官が、「それならば民事保護命令をもらえばよい。明日の朝、DV法廷受付センターに行きなさい。ジュディシアリー・スクエア駅近くの第一審裁判所の4階にあるから。」と教えてくれた。また、暴力の被害を証拠付ける写真をとるように言い残していった。

DV法廷受付センターへ

　翌日の午前に、サラは民事保護命令の申立を行うために、DV法廷受付センターに行った。裁判所の中でケンにばったり会うのではと心配したが、廊下で保安官が見張っているので、すこし安心できた。受付センターには、自分と同じように赤ん坊を連れた女性が何人かいた。また、スタッフも大勢い

た。裁判所の職員，警察官，検察局の職員やNGOのスタッフだった。やさしく，「ケガは痛む？もう大丈夫だよ。」と声をかけてくれた。驚いたことに，昨晩ケンを再逮捕した警察官からすでにセンターに連絡があり，スタッフがサラの事件についてある程度理解していた。ここでも被害を示す写真が必要だといわれたが，サラはまだ撮影していなかった。すると，NGOのスタッフが，ポラロイドカメラをもってきて，てきぱきと写真をとった。

いろいろな人がサラに説明してくれた。接近禁止を求める民事保護命令は簡単な手続きで，被害者の8割が自分で手続きを行っていると言われた。サラは事件の話になると緊張してうまく話ができなかったので，自分一人で裁判の手続を行うのはとても不安だったが，弁護士を頼むほどお金を持っていなかったので，とても困っていた。そうすると，NGOのスタッフが，無料で代理人をしてくれる支援団体を紹介してくれた。ジョージタウン大学DVクリニックの学生たちだった。サラはほっとした。

民事保護命令の申立

学生は，まず民事保護命令の手続きをサラに分かるようにかみ砕いて説明した。民事保護命令を申し立てても，実際に命令を得るまで約2週間かかることも教えてくれた。その間の安全を確保するために，なにはともあれ「ケンがサラに近づいてはならない」という内容の一時保護命令をDV法廷で取ろう，とアドバイスしてくれた。サラは，すぐに民事保護命令の申立を行った。NGOのスタッフは事件の緊急性に応じて，その日行われる一時保護命令手続きの審査の順番を決めていて，サラの事件も入っていた。裁判の方針が決まると，さっそくDV法廷101号室へ行き，一時保護命令を出してもらった。

ケンが出ていったので，サラは，2つの仕事をして自分と子どもの生活を支えることにした。だが，生活の費用を稼ぐのが精一杯で，今いるところから別のアパートに引っ越して保証金を支払う余裕はなかった。そこでサラは，ケンがアパートから立ち退くことを望んでいた。しかし，ケンは「自分の名義で賃貸契約をしているので，アパートは自分のものだ」と強く主張していた。この主張が裁判所に認められると，サラの住む家がなくなる。そこでサラは，代理人をつとめる学生とともに一生懸命に裁判の準備をした。相手方からの質問にどう答えるのかも予行練習し，それをビデオに撮って何度も見直した。最後には，事件のことをきちんと話せるようになった。

いよいよ法廷へ

　民事保護命令の申立をしてから10日ほどたって，サラの事件の審問の日となった。サラは，DV法廷102号室へ行った。ケンはすでに法廷の中にいた。裁判は2時間続いた。サラは神経質になっていたが，裁判官は忍耐強くサラの主張を聞いていた。サラは裁判の間，ケンを見ないようにして，落ち着いて話すようにした。これも学生と一緒に考えた作戦だった。赤ん坊は裁判所の同じ建物の地下2階にある保育室に預けていたので，裁判に集中することができた。

　ケンは，代理人の学生から暴力の証拠として，サラが殴られたときにできた目の周りの大きなあざの写真を見せられたとき，「これはサラが不注意でドアの角にぶつけたときのあざだ」と言った。これには裁判官も不信感を持ったようだ。学生の質問は鋭く，ケンはだんだん追い詰められ，遂にナイフを持ってサラを追いかけたことを認めた。でもケンは，実際にナイフで刺さなかったのだから暴行の罪にはあたらないと甘く考えていたようだった。

　裁判では，アパートの問題も審理された。サラはアパートの保証金をケンと共同で支払い，賃貸契約はケンの名義になっているが実際には自分が家賃の半分以上を支払っていたと説明した。

　審問の終わりに，裁判所の決定が示された。サラも代理人の学生も緊張して待っていた。裁判官は民事保護命令を言い渡し，ケンに対して，サラに接近することといかなる方法でも連絡を取ることを禁止した。また，ケンがアパートから退去することも命令した。

刑事裁判での証言

　サラは嬉しくて思わず学生の手を握り締めた。学生には何度も御礼を言った。学生は「幸運をお祈りします」と言って別れた。解放感でいっぱいだったが，すぐに気持ちを切り替えた。というのも，ケンのサラに対する暴力は家族内犯罪法違反のDV事件と認定され，刑事裁判でも起訴されており，民事保護命令の裁判と同じ日に，DV法廷103号室で刑事裁判があり，サラは証人として出廷することを求められていたからである。刑事裁判には，サラは一人で証言台に立たなければならなかった。

　サラは，ケンの刑事裁判の法廷で，ケンの弁護士からこれまでの暴力被害についていろいろと質問された。暴力の証拠として提出された写真について，

「これはあなたがドアにぶつかったときの写真ですね」と質問されて驚いた。もちろん否定したが，とても動揺した。自分の気持ちを言いかけたところ，その弁護士から「刑事裁判では，あなたは証人として，聞かれたことに答えることしか許されないから，余計なことは言わないように」と注意された。

　その日，サラは帰りに同じ建物の中の受付センターに寄って職員に気持ちを打ち明けた。すると，センターにいた合衆国検察局被害者証言支援係を紹介してくれた。係は，不安な気持ちを和らげるためのカウンセリングを受けられる場所を紹介してくれた。また，刑事裁判の手続や判決まで時間がかかることなどを教えてくれた。

　ケンは有罪を認めていなかった。しばらくたって，公判が開かれた。サラは，その日に「被害者影響陳述」を書いたので，初めて自発的に自分の気持ちを裁判の中で表すことが許された。

　いよいよ判決言渡しの日となった。裁判官は，サラが民事保護命令を得ていること，その民事裁判でケンがナイフを持ってサラを追いかけたと認めたことなど，事実を広く知っていた。ケンは，有罪とされ，保護観察処分が言い渡された。同時に，ドメスティック・バイオレンスのカウンセリングとアルコール・麻薬カウンセリングを受けるようにも命令された。

平穏な生活に

　サラの裁判は終わった。サラは，民事保護命令によって身の安全を守られている。その後，ケンとは全く会っていない。連絡もないのでおびえることもなくなった。カウンセリングに通って，気持ちが落ち着いてきた。新しい仕事も見つかり，順調である。ようやく，息子と一緒に安心して生活できるようになった。サラは，多くの人々の支援によって，自分の生活をとり戻すことができたのだと思っている。

本書の構成

　サラの事例は，今，アメリカ合衆国ワシントンD.C.でDV事件が起きると，どのようにシステムが動いていくのかを浮き彫りにしています。1996年のDV法廷開設以来，サラのように，多くの被害者が，裁判で自分の望む救済を得られるようになりました。

　日本国内でも，1995年の北京会議以降，女性の人権や差別の問題に取り組む多くの人々が，DVへの対策の強化に知恵を絞ってきました。最近では，実際にシェルター活動を行なっているNGOや，日本弁護士連合会，各地の弁護士会，社団法人自由人権協会のように，日頃からDV被害者の事件を扱っている弁護士中心のグループなどで，問題点の検討が進んでいます。

　ちょうどこの時期に，私はアメリカの知人から，ワシントンD.C.に，裁判所を通じたDV問題の解決をめざして，裁判機構を改革して，DV関連の民事裁判，刑事裁判，家事審判の手続を統合的に一挙に解決するシステムができたという話を聞きました。最初は，本当にそのようなことができるのだろうかと，半信半疑であったことも事実です。

　その後実際にDV法廷を経験したDV事件の被害者や代理人活動をした学生達の話を見聞きすることができました。その中でもとくに印象深かったのが，ここに紹介したサラの事例です。ここに，統合法廷のエッセンスが集中的に現れていて，よく理解できると思います。

　いい意味でショックを受けたので，ワシントンD.C.のDV法廷を国内人権機関の調査研究事例の一環として紹介しました。そして，現地に研究員を派遣して調査にあたることと，DV法廷の実践を担っている裁判官やNGOの中心的なメンバーを日本にお招きして，日米双方の抱えている問題性を明らかにして相互に学習するフォーラムを開くことが計画されました。私はDVの司法的救済研究会を立ち上げ，フォーラムの開催を担当しました。幸運にも，多くの方々からご協力を得て，曲がりなりにも双方とも実現させることができました。本書はそうした活動の結果です。

　本書の第1部及び第2部は，2001年1月末に開催された「DVの司法的救済・日米フォーラム」における報告を，編者の責任でまとめたものです。

　第1部は，日本でのDVの現状と司法的救済について，次の報告をまとめました。第1章では，林紀子弁護士と海老原夕美弁護士のご報告です。両氏

とも実務家の立場からのご報告で，DV事件と裁判についての問題点が鮮明に浮かびあがっています。林弁護士には，DV事件に関して，裁判でどのような救済が得られるのか，ワシントンD.C.のDV法廷と比較してコメントをいただきました。海老原弁護士には，民事保護命令制度がない今日における被害者救済方法について，さらに，日本弁護士連合会両性の平等に関する委員会の「ドメスティック・バイオレンス防止法案」についてご報告いただきました。

第2章では，DV防止法の立法化の動きについて，市毛由美子弁護士に，NGOの立場から，社団法人自由人権協会ドメスティック・バイオレンス禁止法案プロジェクトの試案をご報告いただきました。次に，参議院の共生社会に関する調査会が議員立法をめざしているDV防止法案の検討過程とその骨子案についてご紹介しました。

第2部では，ワシントンD.C.の司法的救済について，次の報告をまとめました。第3章では，ミリケン判事に，「DV法廷の経緯と現状」についてご報告いただきました。ミリケン判事は，ロースクール卒業後，連邦の検察官等を経て，1990年にワシントンD.C.第一審裁判所裁判官に任命されました。1996年11月から1997年12月まで，開設直後のDV法廷の初代裁判長を務められました。現在では，刑事裁判担当裁判官です。つづいて，第4章で，ジョージタウン大学ローセンターDVクリニック担当主任教授のエプスタイン教授に，「NGOとの連携」についてご報告いただきました。エプスタイン教授は，学生であった1980年代前半から，DV被害者を支援するNGOを立ち上げ，ロースクール卒業後弁護士になりました。1993年からは同大学のDVクリニックの担当教授に就任されました。教授のご活動は，研究者，弁護士，NGO活動家，ワシントンD.C.政府のアドバイザーと幅広く，DV法廷の構想を策定し，設立と運営の中心人物のひとりになっています。

さらに，ワシントンD.C.のDV法廷についての詳細は第3部にまとめました。これは，2000年8月から11月にかけてワシントンD.C.で行った現地調査の報告です。ワシントンD.C.でDV事件被害者を支援している関連機関やNGOなどが紹介されています。

本書の諸報告を通読していただければ，今日までのDV問題に関する日米双方の取り組み，その共通の悩みや解決方法などが分かると思います。状況の変化が激しい現在ですので，シンポジウム2ヵ月後には書籍にしようという

無理な計画を立てました。報告者の方々には大変なご無理をお願いしました。現代人文社にも無理なスケジュールをお願いしました。私たちは編集に最善を尽くしたつもりですが，思わぬところに拙速から生じる歪みがあるのではと心配しております。

　本書が日本におけるDV問題の取り組みに少しでもお役に立てば幸いです。

DVの司法的救済研究会代表　　江橋　崇

第1部
立遅れた司法的救済
——日本の場合

Domestic Violence

第1章
日本の現状
——実務家の立場から——

1…報告1　被害者が逃げるとき　林　紀子

林弁護士

　これから，弁護士としての立場で日本のドメスティック・バイオレンスについて報告します。DV法廷をご紹介くださったお二人，ミリケン判事とエプスタイン教授に感謝するとともに，この機会を設けてくださった主催者に対して敬意を表します。

　私もアメリカの民事保護命令については聞いていたのですが，このようなDV法廷がきちんと数年前から活用されているということについては，大変新鮮な驚きと，それから，日本の遅れの数々を感じているところです。一応，私の立場で，日本のDV被害者がどのような立場に置かれているか，言い換えればどのような司法的救済が得られているかについての現状と，それから残された日本での問題点について，少し説明したいと思います。

1．接近禁止の仮処分

　別居後の申立　日本のDVの被害者が相手の暴力を禁止するのを求めて法的手続に関与するのは，被害者がまず夫婦の家を出て，別居の段階に入ってからとなります。今，ワシントンD.C.のDV法廷のお話を聞いていますと，同居中の夫婦等にも使われているということで，日本と大きな違いを感じて

おります。

　現状では日本で同居中の夫婦が保護命令と同様の機能といいますか，それをめざして利用している接近禁止の仮処分を要求された場合に，我々は現在ちゅうちょを感じます。その理由は，現在の接近禁止の仮処分が，それに違反した人に対して，有効な制裁手段を持たない，それは結局仮処分の効力が弱い，ということによります。それから，現在の日本では，夫に対して，夫婦の家から出て行けという見込みが絶望的ですので，やはり同居中の接近禁止の仮処分というのはむしろ危険を感じてちゅうちょしているというのが現状だと思います。

　保護の弱さ　　二番目に，日本には，アメリカのような民事保護命令の制度がないために，一般の民事事件で使われる仮処分を利用しています。これは，民事事件の中で行われるものですので，仮処分というのは，地方裁判所で行われています。家庭裁判所ではないわけで，これをDV禁止法の中では，家庭裁判所でやれるように，という気持ちを持っております。

　少し専門的になるのですが，接近禁止の仮処分で保護しようとしているものは何なのか。これは，被害者の安全で平穏に暮らす権利，そういう人格権という構成を使って，現在接近禁止の仮処分がやっと認められているのが現状です。したがって，この仮処分の法的構成は，離婚とかそういったものをにらんだものではありませんから，将来子どもの養育権が父母のどちらになるかといったことは，一切考慮されません。子どもが父親からの暴力を受けている場合は，その子の安全という観点から仮処分が認められるのですが，子どもに対しての暴力がない場合，父親の子どもへの親権を一時的にでも停止する措置を認めることを裁判所は非常に嫌って，否定的です。申立代理人である我々と裁判所といつも論争になりますけれども，結局なかなか認めてもらっていない，というのが少なくとも東京地方裁判所の現状です。父親の親権が一時的にも停止されないということは，別居の後，父親が子どもを探し出して連れ去るのではないか，という非常な不安を母親に与えておりますので，この点について，私どもも非常に困っているところです。

2．困難な住む場所の確保

　それから，もう一つ，日本では夫婦の財産は別産制ですから，夫なり妻なりの個人の所有となります。ほとんどの住居は，夫の単独名義，よくても夫

婦の共有という現状ですから，所有権や共有の法制度上，共有者や単独所有者である夫に対して，その家を出て行け，という請求をすることができません。したがって，夫婦で築いた家であっても，暴力からのがれる方が家をあとにしなければならないという状況になります。これは，子どもをつれている場合でも同様ですから，家族のうち，妻と子どもたちが家を出て，夫が家に残る，といった状況になります。一般的に，妻は夫に比べて経済力がありませんから，独力で住む場所の確保が困難ですので，シェルター等のお世話になるわけですけれども，子どもについては，転校，転園という大きな不利益を受けることになります。

3．司法へのアクセスをどう確保するか

弁護士の代理人　このように，現在，仮処分制度を利用して，保護命令らしきものを得ているけれども，これ自体には限界がありますし，非常にお寒い状況という感じでございます。

　先ほど，ワシントンD.C.の例では，75％でしょうか，代理人がなく，とても簡易な手続で民事保護命令を得ることができるというお話でしたが，日本では現在の非常に効力の弱い仮処分を得る場合であっても，代理人がいないというのは困難な状況です。申請にあたって，人格権を侵害されているという法律的な構成をきちんとしないと，なかなか裁判官の方の理解を得られないという現状があります。陳述書と言う形で本人に書いていただく書類，その他の資料に裁判制度独特のかたちがありますので，代理人なしで作成するのはなかなか困難な状況です。アメリカのDV法廷の受付センターにおいて，各種の公的な機関，NGOの人たちがそういうものを手伝いながら，簡単に司法にアクセスできるようにするというのは，本当に画期的なことだと思っています。日本も今，司法制度改革が叫ばれておりまして，国民の司法へのアクセスを今後非常に大事にしなければならないといわれておりますけれども，まさにこれをDVについて具体化したのがワシントンD.C.の成果ではないかと考えております。

　それから，現在の仮処分の手続では，原則として，相手方本人を呼び出しております。代理人がついてやっておりますので，申立人本人は裁判所に行かなくて済んでおります。この申立をしたときには，相手方の反応を非常に恐れているものですから，代理人がつくということのメリットもあるのでは

ないかと思います。相手方を呼び出した審尋の中で，裁判所の命令をもらうこともありますし，相手方が出てきていますので，申立人に危害を与えないように約束させる，という意味で和解をすることがあります。これについては，ワシントンD.C.にあるネゴシエーションの制度とが似ているなと思っています。特に，子どもに対する接近禁止の仮処分をなかなか取りにくい状況でありまして，私たちは和解のなかで，子どもにもしばらくの間でしょうけれども，無理に会いに来ないで欲しいということを合意できるとかえってよいという考えで，和解に対しては積極的な気持ちを持っております。

　また，日本では，弁護士が被害者の代理人を引き受けるときに，被害者が避難する際の注意点や将来の法的手続のためのアドバイスをしています。私たちは，被害者に寄り添った相談活動をめざして，マニュアル『相談対応マニュアル　ドメスティックバイオレンスセクシュアル・ハラスメント（商事法務研究会刊）』を作成しました。

　費用の調達　　ワシントンD.C.の試みで，ほとんど無料で救済制度を利用できると言うのは，非常にすばらしいと思います。日本の場合でも，DV被害者は金銭的に困難な立場の方が多いので，法律扶助という，弁護士費用等の為の金銭的な貸付を受ける扶助制度はあります。しかし，あくまで貸付金で，その後できる限りで返済することが建前になっております。もちろん免除される方もいますけれども，分割返済するのが原則ですから，そういう意味でワシントンD.C.のほうが，ほんとうに被害者のための制度として確立していると思います。

　ただ，私が先ほどのDV法廷の試みを聞いたときに，日本の場合は別居した女性が離婚をしたい，夫から干渉されたくない，と求めてきますから，離婚手続と保護命令的な手続は一人の代理人がやっております。その辺はDV法廷の場合，DV法廷の手続だけをやるのかどうか，ワシントンD.C.の場合はどのようにしているのかぜひお聞きしたいと思っております（第4章エプスタイン教授報告参照）。

　現在の問題点　　以上の通りで，どこに日本の法制度上の問題点があるか，というのはお話したことになりますけれども，まとめていいますと，現在の接近禁止の仮処分では制裁がなくて効力が弱い，それから夫を家から出す制度もない，子どもとの面接を一時的に中止するような措置が取れない，被害者に不安を与えている，ということが大きな問題として残っております。

　最後に，このDV法廷は民事手続と刑事手続の統合とされているわけです

が，現状の日本において，夫もしくは元夫を告訴するということの難しさ，またそうしたケースは非常に稀なこと，これは新聞でこの間報道されたと思いますが，告訴してから2年経ってからやっと起訴に至り，そして何ヶ月か経って判決が出ました。判決は罰金が30万円で，それが新聞種になるほど稀なケースなわけで，告訴をしても，それでも起訴され有罪となるにはさまざまな関門があります。私の知人が担当しているケースでもやはり傷害罪で罰金30万円であったと聞いております。アメリカにおいても当初は刑事告訴をすることについては非常に心理的な抵抗があったというお話でしたけれども，日本ではまだまだそれを乗り越えられていない現状です。私たち弁護士も含めて，DVを犯罪であると認識するために心理的，社会的な認識を変えていかなければならないという気持ちをもっております。

具体的な救済へ　以上のような細かい観点を別にしまして，DV事件を扱う行政，弁護士やNGOのネットワーキングの重要性はいつも指摘されまして，いろいろな会議でシェルターの方とか警察の方，相談センターの方等とお話をする機会はあるのですけれども，裁判所の中で受付センターという形で，ワン・ストップ・ショッピングで，集中的にやったということの革新的な点については，このプロジェクトを立ち上げた方々の先見性に目を見張る思いが致します。

　なお，現在参議院で超党派によるDV禁止法の議員立法の動きが現実性を帯びてきていると聞いておりますが，一日も早くDVそのものを正面から見つめて諸々の政策の基本となるとともに，具体的な救済策を盛り込んだ法律が成立するのを待ち望んでおります。

　簡単ですけれども，これで日本の法制度，司法的救済についての問題点の指摘を終わらせていただきたいと思います。

2…報告2　加害者と別れるとき　海老原夕美

１．難しい暴力の立証

　私は林弁護士とダブらない範囲でちょっとコメントしたいと思います。いくつもお話したいことがあるのですが，時間が短いので，本当に感じている

ことだけをお話します。

　まず，日本のDVの実態をお話したいと思います。これは，昨年9月に出版された『新しい家庭裁判所をめざして（鈴木経夫判事退官記念論文集）』（ルック刊）という本の中でも述べたのですが，暴力をふるう夫は，いつも暴力的ではなく，「いい人」であることが多いのです。私が過去3年間に担当したDVのケースは30件くらいで

海老原弁護士

すが，その加害者である夫の職業は，教師，公務員，銀行員，大企業の会社員，自営業者などでした。社会的に地位が高く，外見からはまさか暴力をふるうとは信じられないような人がほとんどでした。だから，離婚の調停では，夫は自分の暴力をおだやかに否定します。妻は，それまでに夫の暴力を誰にも相談できず，医師の診断も受けていないことがほとんどなので，証拠をだすことができません。そうすると，妻の言い分はなかなか信じてもらえません。調停委員から「あなたの方にも問題があるのではないか」とか「考え直したらどうか」と言われることさえあります。

　また，暴力をふるう夫には，妻に対して「暴力をふるっている」という認識がないことも多くあります。たとえば，普段日記をつけていた妻が，裁判をするときに結婚後2年余りの暴力を数えてみると，22回でした。しかし，加害者は，法廷で「3回しか暴力はふるっていない。あとは戯れにすぎない」と言いました。これではたまりません。

2．居所を隠した被害者

　保護命令の必要性　　さらに，日本に民事保護命令がないためにどういうことが起きているかということをお話したいと存じます。日本では，仮処分に効力がないという話がありましたけれども，そのために暴力を受けた被害者は居所を隠さなければなりません。暴力をふるう加害者は，被害者に戻ってきてもらいたいと考え，必死で居所をさがすからです。ですから，加害者から逃げようとする被害者である妻は，自分は何も悪いことをしていないにもかかわらず，居所を隠さなければならない，ということになります。そして，法的な手続，たとえば離婚の手続には，必ず弁護士を頼まなければならないということにもなります。自分がでていっていろいろやりますと，後をつけられたりして居所をつきとめられてしまう危険性もあり，身の安全を保

てないということになってしまうからです。被害者である妻は居所を隠す必要がありますから、当然住民票も移すことができません。生活していくために働かなければなりませんが、名前も通称を使って働く場所を探すことになります。通称を使用していると、住民票も戸籍謄本も出すことができませんので、そういった書類が必要でないような仕事しか見つかりません。ですから、仕事もパートということになり、経済的な不安定も生じてきてしまうことになります。私は被害者のこういった状況をなんとかするためにも、保護命令は絶対に必要だと思っています。

不当な離婚　逆に、被害者が徹底的に身を隠していて、しばらくの間何の法的手続もとらない場合を想定していただきたいのです。これは実際にあった事例ですけれども、妻が子どもを連れて夫の暴力から逃げて身を隠しているとき、夫が離婚訴訟を起こしました。今の日本では、妻の知らない間に、離婚訴訟で判決をとることは可能です。もちろん夫の方は正直に自分の暴力のために妻がいなくなったなどとは言うはずはありません。そうでない適当な理由をつけて、離婚・慰謝料請求と親権者は自分にしてほしいという裁判をおこし、妻が不出頭で反論もないまま夫の言い分を認める判決が出され、これが確定してしまったらどういうことになるでしょうか。恐ろしいことになります。この点でも大変なことになるということです。私は、これをあまり強調したくないのです。というのも、みんな真似したら大変だと思うので、強調したくないのですが、現実にはそういう問題も起きているということを知っていただきたいと思います。

3．調停前置主義の例外を

家事調停　それと、離婚の裁判をするには、調停前置主義といいまして、訴訟の前に調停をしなければならないことになっています。やはり、この問題も大きいと思っています。要するに「調停」というのは、「裁判所で話し合う」ということです。しかし、DVの場合は話し合いで解決するような事態ではないことがほとんどです。私は、調停前置主義というのは、DV事件に関してはあまり意味がないと思いますし、現実に私が依頼を受けた事例でも、調停前置のために調停は申し立てますが、調停は形式的にやるだけで、ほんとうに1回で終わらせている事件があります。もちろん、本人が裁判所に出頭しますと後をつけられる危険がありますから、こちらの本人が裁判所

へ来るであろうと相手方に察知されてしまう日には，本人を連れて行っておりません。また，調停の期日にも裁判の期日にも1回も出廷させずに裁判を終わらせた，というケースもあります。私たち弁護士は，居所を隠しながら判決までとらなければならないのですが，DV事件の場合には，調停を経ずにいきなり裁判を起こすことができるという制度，つまり調停前置主義に例外を設けることをぜひとも実現させるべきだと思っています。日弁連の両性の平等に関する委員会で3月にシンポジウムをやろうと考えています。それに向けてDV防止法の日弁連試案を今まとめています（後掲資料参照）。調停前置主義の例外を設けるべきだ，という条項を入れることにしています。

関係者へのDV教育　もう一点，私が弁護士として，DV被害者の方々の救済に当たっていて感じることは，裁判所関係者，警察も含めてですけれども，DVに対する理解を深めること，それがもう絶対に必要であるということです。これらの人に対するDV教育を何とかしなければならないと考えております。

時間がないので，手短にお話させていただきました。失礼しました。

【資料／日本弁護士連合会両性の平等に関する委員会ドメスティック・バイオレンス防止法案（2001年3月3日）】

（目的）

第1条　この法律は，夫婦（事実婚を含む），過去において夫婦であった者など親密な関係にある当事者間での暴力が人権を侵害するものであること，特に，女性に対する暴力が男女間の歴史的に不平等な力関係の現われでありこれが男性の女性に対する支配及び差別並びに女性の十分な地位向上の妨害につながってきたこと，及び女性に対する暴力は女性を男性に比べ従属的な地位に強いる重要な社会的機構の一つであることに留意し，特に被害をうけた女性を救済することが強く求められることに鑑み，親密な関係にある当事者間での暴力に関して，被害者の迅速な保護及び権利の回復措置を充実させる等により，その防止を図り，もって憲法に定める両性の本質的平等を実現することを目的とする。

（定義）

第2条　本法においては，次の各号に掲げる用語の意義は当該各号に定めるところによる。

①暴力とは生命・身体に関する安全と平穏，性的自由を脅かすもの（作為，

不作為）をいう。

　②ドメスティック・バイオレンスとは，次の当事者間において行われる暴力をいう。

　　ⅰ　夫婦（事実婚を含む）
　　ⅱ　過去においてⅰの関係にあった者

（暴力の禁止）

　第3条　何人も，暴力を行使してはならない。

（国及び地方公共団体の義務）

　第4条　国及び地方公共団体は，ドメスティック・バイオレンスを防止し，その被害者を保護する義務を負う。

2　都道府県は，ドメスティック・バイオレンスの女性被害者のために，ドメスティック・バイオレンス防止センター（以下，「防止センター」という）を設置する。防止センターの設置・運営に関する事項は政令で定める。

3　前項の防止センターは，次の機能をそなえる。

　①被害者・家族からの相談
　②被害者及び同伴の子（男児も可とする）の緊急一時保護（24時間受け入れ可能なものとする）
　③被害者の心身の回復のためのカウンセリングサービス
　④被害者及び同伴家族の生活自立支援
　⑤関係諸機関，諸団体（民間シェルターを含む）との連携協力，連携のコーディネート
　⑥ドメスティック・バイオレンスに関する情報の整理・管理
　⑦ドメスティック・バイオレンス防止教育，研修，啓発

4　都道府県は，24時間通話料無料で利用可能なドメスティック・バイオレンス緊急電話（ホットライン）を開設しなければならない。

5　国及び都道府県は，ドメスティック・バイオレンスの被害者を保護するため広域での連携，協力体制が必要な場合もあることに鑑み，広域での連携，協力体制を整備する。

6　国及び地方公共団体は，民間シェルターなどドメスティック・バイオレンスの被害者を支援する団体に対し，必要な財政的支援を行う。

7　国及び都道府県は，防止センターの職員の身分保障を確保し，またその安全を確保するよう努めなければならない。

（ドメスティック・バイオレンス発見者の通報義務）

第5条　ドメスティック・バイオレンスの被害をうけている者を発見した者は，これを捜査機関または防止センターに通報するよう努めなければならない。但し，通報義務の適用に関しては，暴力は，人の身体に向けられた有形力の行使または人の身体に対して有形力を行使するという威迫に限るものとする。

2　次の各号のいずれかに該当する者がその職務上ドメスティック・バイオレンスの被害をうけている者を発見したときは，直ちに，捜査機関または防止センターに通報しなければならない。この場合においても前項但し書を準用する。なお，刑法の秘密漏示罪の規定その他の守秘義務に関する法律の規定は本条項による通告をする義務の遵守を妨げるものと解釈してはならない。

①医師，歯科医師，看護婦（士），准看護婦（士）
②柔道整復師，あんまマッサージ指圧師，針灸師
③助産婦，保健婦（士）

3　何人も，本条第1項，第2項によりドメスティック・バイオレンスの通報をした者に対し，通報行為を理由としていかなる不利益な扱いもしてはならない。但し，故意に虚偽の通報をした者についてはこの限りでない。

（警察のとるべき措置）

第6条　ドメスティック・バイオレンスの通報をうけた司法警察職員は，直ちに現場に臨場し，またドメスティック・バイオレンスの再発を防止するために次の各号に定める措置をとらなければならない。

①暴力を制止し，及び犯罪の捜査をすること。
②被害者の負傷の状態を確認し，緊急治療が必要な場合に医療機関に搬送すること。
③被害者を防止センターその他の公的あるいは民間保護施設など安全な場所へ送りとどけること。但し，被害者が防止センターその他の保護施設に入所することを望まず，しかも被害者の生命・身体に対する危険が残存する場合には，現場に待機し，かつ，被害者に右施設の連絡先等の情報を知らせる。
④通報により現場に臨場した旨の記録を被害者に交付すること。但し，この記録の詳細については，別に政令で定める。
⑤本法第10条に定める保護命令，第13条に定める緊急保護命令について当事者に説明し，被害者が希望する場合には保護命令，緊急保護命令の申立をすることを援助すること。
⑥暴力が再発するおそれがあると認められるときには，検察官に対し，保

護命令の申立を請求すること。
　⑦保護命令・緊急保護命令が申し立てられた場合において，必要な場合には現場に臨場した際の状況などについて陳述ないし報告をすること。
　⑧防止センターに対し，通報のあった事案の概要等を報告すること。但し，報告すべき内容については政令で定める。
　⑨執行官の要請により保護命令・緊急保護命令の執行に立ち会うこと。
　（保護命令等の申立権者）
　第7条　人の身体に向けられた有形力の行使または人の身体に対して有形力を行使するという威迫によるドメスティック・バイオレンスがある場合において，被害者，防止センターの長並びに検察官は，裁判所に対して，加害者に対する保護命令，緊急保護命令の申立をすることができる。
　（管轄）
　第8条　本法に定める保護命令，緊急保護命令は，申立権者の住所，居所，またはドメスティック・バイオレンスの行われた場所もしくは相手方の住所地を管轄する地方裁判所に対して申し立てることができる。
　（保護命令等の申立）
　第9条　保護命令，緊急保護命令の申立は書面による。ただし，急迫の危険がある場合には，ファクシミリにより申立をすることができるが，この場合は命令の発令までに申立書，疎明書類などを裁判所に提出しなければならない。
2　裁判所は，休日・夜間を問わず，24時間体制で保護命令の申立を受け付けるものとする。
　（保護命令）
　第10条　保護命令の申立がなされた場合において，裁判所は，相手方の審尋を経た上で，第5条第1項但書に定める暴力があり被害者の生命・身体の安全を確保するために必要がある旨の疎明がなされたと認められるときには，速やかに，相手方に対して，必要に応じて次の各号に定める内容の保護命令を発しなければならない。
　①ドメスティック・バイオレンス行為，ドメスティック・バイオレンスを行うと威迫する行為の禁止
　②直接間接問わず，被害者及び同伴の子の探索，同人らとの接触，連絡の禁止
　③相手方が占有する住居からの退去

④被害者が占有する住居等への立ち入り及び被害者との間の一定距離への接近禁止

　⑤被害者に生活必需品等を引き渡し，これを被害者の使用収益に供すること

　⑥親権の暫定的停止

　⑦子に対する面接交渉の制限又は禁止

　⑧当面（2ヶ月程度）の被害者の生活費，子どもの養育費，ドメスティック・バイオレンスによる医療費などについての損害賠償を支払うよう命令すること

　⑨その他被害者及び同伴の子の身体生命の安全，生活維持のために必要と認められる措置

（保護命令の有効期間）

第11条　裁判所は，保護命令について1年を超えない範囲で有効期間を付する。ただし，必要があるときは，申立により保護命令の有効期間を延長することができる。

（保護命令の効力発生時期，送達等）

第12条　保護命令は発令により直ちに効力を生ずるものとする。

2　裁判所は，保護命令を相手方に送達し，また，関連する警察署にも命令が発令されたことを通知する。

（緊急保護命令）

第13条　人の身体に向けられた有形力の行使または人の身体に対して有形力を行使するという威迫による暴力をうけ，生命・身体の安全に重大な危険が発生するおそれがあると認められるときは，緊急保護命令の申立をすることができる。この場合においては，裁判所は，審尋の手続きを経ることなく，第5条第1項但書の暴力があり被害者の生命・身体の安全に重大な危険が発生するおそれがある旨の疎明がなされたと認められるときは，必要に応じ，申立があったときから24時間以内に，相手方に対し，次の各号に定める内容の緊急保護命令を発しなければならない。

　①ドメスティック・バイオレンス行為，ドメスティック・バイオレンスを行うと威迫する行為の禁止

　②直接間接問わず，被害者及び同伴の子の探索，接触，連絡の禁止

　③被害者に生活必需品等を引き渡し，これを被害者の使用収益に供すること

（緊急保護命令の有効期間）

第14条　緊急保護命令の有効期間は発令された日から14日間とする。ただし，14日以内に保護命令の申立がなされたときは，裁判所が保護命令について決定するまでの間，緊急保護命令の効力が継続するものとする。

（緊急保護命令の効力発生，送達等）

第15条　第12条の規定は，緊急保護命令の場合に準用する。

（裁判所の決定に対する不服申立）

第16条　保護命令，緊急保護命令の申立に対する裁判所の決定については，決定されたときから14日以内に抗告することができる。

（保護命令，緊急保護命令の取下）

第17条　保護命令，緊急保護命令の申立の取下は，裁判所の許可なくして行うことはできない。裁判所は，取下の理由について職権で調査し，取下について相当な理由があると認められる場合でなければ，取下を許可してはならない。

（保護命令，緊急保護命令の通知）

第18条　裁判所は，保護命令，緊急保護命令が発令されたときは，その当事者間に家事調停事件その他の訴訟事件が係属しているかどうかを調査し，係属していることが判明したときは，係属裁判所に保護命令，緊急保護命令が出された旨を通知しなければならない。

（被害者の住所，居所の秘密保護）

第19条　裁判所，裁判所職員，司法警察職員，教職員などの学校教育関係者，保母，生活保護などの現業を行うなどの社会福祉関係者，地方公共団体職員は，職務上知りえたドメスティック・バイオレンスの被害者の住所，居所その他の情報を被害者の許可なくして加害者その他の第三者に開示してはならない。

（罰則）

第20条　本法第10条（保護命令）第1号，2号，4号，7号の各号を内容とする保護命令が発令されたことを知ったにもかかわらず，その保護命令に違反した者は，1年以下の懲役もしくは100万円以下の罰金に処し，またはこれを併科する。

（保釈等についての被害者への意見聴取，通知，仮出獄の通知）

第21条　前条の保護命令違反の容疑で勾留されている者またはドメスティック・バイオレンスを行ったことが刑法上の罪に該当するとの容疑で勾留

されている者の保釈，勾留取消し，勾留の執行停止（以下，保釈等という）の請求があったときは，検察官は，裁判所に対してそれらに対する意見を述べる前に，被害者に意見を徴しなければならない。

2　前項の場合に，裁判所は，保釈等の決定と同時に，決定の内容，条件を被害者に通知しなければならない。

3　第1項に記載する罪で刑に服した者が仮出獄をする場合にも，被害者が希望するときは，仮出獄の時期等について被害者に通知しなければならない。

（調停前置主義の例外）

第22条　ドメスティック・バイオレンスを理由とする離婚請求においては，家事審判法18条の規定によらず，調停の申立をすることなく訴訟を提起することができる。

（加害者の更生，再教育プログラム）

第23条　国及び都道府県は，ドメスティック・バイオレンスの加害者の更生を図り，ドメスティック・バイオレンスが再発しないようにするため，カウンセリングその他の再教育プログラムの設置を定めなければならない。

第2章
立法化の動き

1…報告 3　自由人権協会案　市毛由美子

1．自由人権協会案の背景

市毛弁護士

　私の方からは，日本の立法化の動きということで，自由人権協会（JCLU）というNGOでつくったドメスティック・バイオレンス禁止法案についてお話したいと思います。JCLUでは，1999年からこの研究活動を始め，昨年の夏に法案の第一次案を完成させて，これを発表する記者会見を行いました。日本では，法律家が関与して法案を作った最初のケースということで，新聞各紙でも取り上げられました。

　私たちは，この法案を作るにあたって，各国の法律を検討しました。研究した法律は，アメリカの連邦法，州の法律，モデルコード，韓国，台湾，マレーシアのDV法です。その中で一番いい法律を作ろうと，日本固有の問題を含めて検討しました。法案はインターネットでも公開されて，パブリック・コメントを広く求め，現在JCLUでは，パブリック・コメントを参考にして，法案を再検討しているところです。

　日本の国会では，超党派の参議院議員の間で，同じような法案作成作業が進んでいます。この議員のグループがつくった法案に関しては，法務省や裁判所も参加して実務調整を行いながら，具体的な条項をつめて，今国会に提

出することになっているそうです。ただし，現在日本では選挙の動きがあります。選挙があると，議員の構成が変わってしまうので，この法案提出の動きが変わってしまう可能性があります。そこで，今，早急に法律を上程し，選挙前に法案が成立することをめざしているそうです。

2．自由人権協会案の概要

　暴力の定義　　それでは，JCLUが作った法案について，ご説明したいと思います。まず，DVの定義として，誰と誰との間の暴力を法律の規制の対象にするか，ということが議論になりました。JCLUの考え方では，DVは，男女間の力の不均衡という状況下でおこる特殊な問題ととらえ，ファミリー・バイオレンス一般，つまり子どもや高齢者に対する暴力をあえて除外して，親密な男女間の暴力に限定しました。

　国・自治体の義務　　次に，DVに対応する国及び自治体の義務も規定しました。国，自治体の具体的な義務としては，DV防止センターをきちんと作るという義務を設けました。現状のDV被害者の保護施設としては，売春防止法上設置された婦人相談所という施設が転用されています。現状では，法律上基礎付けられたDV防止センターがないため，法案では売春防止法上の婦人相談所に，DVの防止センターの機能をもたせる根拠規定を設けました。

　民間シェルターへの財政支援　　また，民間シェルターに対しても，財政的な支援をしなければいけないという規定を設けました。現在日本では，民間NPOのシェルター活動が財政的に非常に厳しい状況にあるという現状に基づいたものです。

　DV発見者の通報義務　　さらに，DVを発見した人の通報義務を定めました。通報義務を負うのは，医師，歯科医師，看護婦（士）などです。これらの人は通報したことによって法律上の不利益を受けないという免責規定を置きました。それから，通報を受けると，ドメスティック・バイオレンスの現場に警察官が直行して，犯罪の防止や調査をしなければいけないという警察官の義務も定めました。

　扱う裁判所　　そして，この法案の目玉として，保護命令を規定しました。議論になったのは，保護命令の裁判を行うのを，家庭裁判所とすべきか，地方裁判所とすべきか，ということです。地方裁判所での裁判は，公開されて

手続的に保障されています。人権を制約する際に求められるデュー・プロセスです。これは，加害者の人権を保障する観点からは必要とされる要請です。ただし，地方裁判所の手続では，裁判所が，当事者が主張していない事実を認定することはできません。証拠の提出ももちろんです。当事者が弁護士をつけないで，こういった事実を主張したり，証拠を提出することは，極めて困難です。

　また，地方裁判所の手続では，最初の期日が入るのに約1ヶ月かかります。これに対して，家庭裁判所の手続は，裁判所が後見的な立場に立って，事実調査をしてくれます。家庭裁判所の窓口には相談員がいて，当事者の相談にのってくれ，申立の書式も用意してあり，当事者は弁護士なしでも申立ができるように運用されています。そこで，JCLUでは，家庭裁判所の方がDVの被害者が利用しやすいシステムになるのではないかと考えました。これに対しては，他の団体や弁護士から，加害者に対する手続保障は，人権の視点から大変重要な問題なので，やはり地方裁判所の手続でやるべきだ，という意見があります。補足しますが，家庭裁判所の手続は，公開の法廷で行われるわけではありません。現在，参議院議員の方々が準備されている法案も，地方裁判所で保護命令を出すという方向で議論されています。ただ，先ほどのような問題があるので，地方裁判所で保護命令を扱うとした場合に，どうやって当事者が利用しやすいシステムを作っていくのかが，今後大変大きな課題になると思います。

　保護命令違反　それから，最後の項目にいくと，保護命令の違反に対して，罰則が課せられることとなっています。ただし，刑事事件の手続は，民事の保護命令とは別の法廷で行います。刑事専門の裁判所で，地方裁判所内にあります。JCLU案では保護命令を送達する場合に，警察官に送達させてはどうかというアイデアを採用しました。警察官が加害者に保護命令を送達して，その場で加害者が保護命令の，たとえばステイアウェイ命令に反した場合には，保護命令違反の現行犯となります。このように，保護命令違反があった場合には，すぐに警察官が逮捕できるような仕組みを作ることによって，保護命令に強制力をもたせる工夫をしたわけです。

　これらは，ほとんどアメリカの法律を研究して得られた成果からアイデアを借りてきたものですけれども，我々は実効性のあるかつ被害者が利用しやすい法律が，なるべく早くできることを切に望んでいます。以上で報告を終わりますが，経緯，法案，逐条解説はJCLUのホームページ（http://www.

jclu.org）で公開していますので，ぜひご覧下さい。

【資料／(社)自由人権協会ドメスティック・バイオレンス禁止法案（2000年8月2日）】

（目的）
　第1条　本法は，性的に親密な関係のある当事者間での暴力（以下「ドメスティック・バイオレンス」という）に関して，被害者の迅速な保護および権利の回復がこれまで十全でなかったことに鑑み，これらの措置を充実させることによってドメスティック・バイオレンスの防止をはかり，もって憲法の定める両性の本質的平等を実現することを目的とする。

（適用範囲）
　第2条　本法は次の当事者間における暴力について適用される。
　一　夫婦（事実婚を含む）
　二　過去において一の関係にあった者
　三　過去又は現在において同性愛者間で生活共同体を築いた者

（定義）
　第3条　本法において暴力とは，有形力の行使をいい，その解釈は刑法208条に準じる。ただし，本法の適用のうち，第4条の適用に関しては，暴力に精神的・心理的・性的・社会的暴力も含むものとする。
　2　内閣府男女共同参画局長は，前項の暴力の定義に関して指針を策定する。この指針はわが国が批准した国際人権文書及びそれに付随する勧告，条約によって定立された委員会からのコメント等の内容を反映するものでなければならない。

（国および地方公共団体の義務）
　第4条　国及び地方公共団体は，ドメスティック・バイオレンスを防止し，その被害者を保護する義務を負う。
　2　都道府県は売春防止法によって設置された婦人相談所の中にドメスティック・バイオレンス防止センター（以下「防止センター」）の機能を設ける。防止センターは，被害者及び同伴家族の一時保護並びに生活支援，被害者・加害者双方に対するカウンセリング，医療機関・福祉事務所・警察・弁護士等被害者の援助に必要な諸機関との連絡を行う。その他防止センターの設置・運営に関する事項は政令で定める。
　3　前項の規定は都道府県が婦人相談所とは別に独自のドメスティック・バ

イオレンス被害者のための保護施設を設置することを妨げない。

4　国及び都道府県は，ドメスティック・バイオレンス被害者の一時保護を行っている民間施設であって政令で定める一定の基準を満たしたものに対して，補助金を交付しなければならない。

5　都道府県は，24時間通話料無料で利用可能なドメスティック・バイオレンス緊急電話（ホットライン）を開設しなければならない。国はホットライン運営費用の2分の1を都道府県に対して補助する。

6　国及び地方公共団体は，ドメスティック・バイオレンス被害者に対して適切な保護を行い，加害の再発防止に寄与するよう，ドメスティック・バイオレンス被害に関する調査研究を推進し，被害者・加害者に関わる者(司法・医療・福祉・警察を含む)の資質の向上のために研修を実施する。これらの研修実施にあたって，国及び地方公共団体は，ドメスティック・バイオレンスの被害者保護を行う民間団体との連携に努める。

（ドメスティック・バイオレンス発見者の通報義務等）

第5条　ドメスティック・バイオレンスの被害を受けている者を発見した者は，これを捜査機関，DV防止センター又は福祉事務所に通報するよう務めなければならない。

2　次の各号のいずれかに該当する者が，その職務遂行中にドメスティック・バイオレンスの被害を受けている者を発見したときは，直ちに捜査機関，DV防止センター又は福祉事務所に通報しなければならない。これらの者の法律上の守秘義務は本法適用との関係においては解除される。

　一　医師，歯科医師，看護婦（士）
　二　柔道整復師，あんまマッサージ指圧師，針灸師

3　何人も，第1項及び，第2項の規定によりドメスティック・バイオレンスの通報をした者に対し，通報行為を理由として，いかなる不利益な取扱いもしてはならない。ただし，故意に虚偽の通報をした者については，この限りでない。

（警察のとるべき措置）

第6条　ドメスティック・バイオレンスの通報を受けた司法警察職員は，直ちに現場に臨場し，次の各号の措置その他ドメスティック・バイオレンスの再発を防止するための合理的措置を採らなくてはならない。

　一　暴力の制止及び犯罪の捜査
　二　被害者を防止センター，民間保護施設等安全な場所に送り届けるこ

と。ただし，被害者が防止センター等保護施設への入居を望まないときは，右施設の連絡先等の情報を提供すること
　三　緊急の治療が必要な被害者を医療機関へ搬送すること
　四　被害者が保護命令を申立てるにつき，必要な援助を行うこと
　五　暴力が再発するおそれがあると認めるとき，検察官に対し本法第10条に定める保護命令の申立てを請求すること
　六　保護命令の執行に立ち会うこと
　七　保護命令に違反した者，又は違反したと信じる相当な理由がある者を逮捕すること。
2　検察官は，前項五号の請求を受けたときは，申立に理由がないことが明らかでない限り，保護命令の申立をしなければならない。
（保護命令の申立権者）
第7条　ドメスティック・バイオレンスの被害者及び検察官は，家庭裁判所に対して，加害者に対する保護命令の申立を行うことができる。
（管轄）
第8条　本法に定める保護命令及び緊急保護命令の申立は，家事審判法の定める管轄の他，申立人の住所もしくは居所又はドメスティック・バイオレンスの行われた場所を管轄する家庭裁判所の管轄にも属する。
（準用）
第9条　本法に特別の定めがある場合を除き，保護命令及び緊急保護命令の申立及び裁判については，家事審判法第1章及び第2章並びに家事審判規則の規定を準用する。この場合，保護命令の審判は，同法第9条の甲類審判とみなす。また，緊急保護命令については同法第15条の3（審判前の保全処分）の規定を準用する。
　但し，緊急保護命令は，保護命令の申立がなくともこれを単独で申立てることができる。
（保護命令）
第10条　保護命令の申立があった場合，家事審判官は必要により審問を行い又は行うことなく，ドメスティック・バイオレンスの加害者に対して，次の命令を内容とする審判を行うことができる。
　一　申立人並びにその指定する親族及び同居人に対して，ドメスティック・バイオレンスを行うこと及びドメスティック・バイオレンスを行うことを告げて威迫する行為の禁止

二　直接間接を問わず，申立人に対して，面会・電話その他の方法で接触し又は連絡をとる行為の禁止
　三　住居からの退去
　四　申立人並びにその指定する親族及び同居人の住居，就業場所，就学場所，その他申立人の指定する場所への立入り及びかかる場所から一定距離への接近禁止
　五　裁判所の指定する銃器その他の危険物の所持の禁止・引渡
　六　特定の生活必需品その他申立人の生活維持のため必要な動産類の占有を申立人に引渡し，これを申立人の使用・収益に供すること
　七　親権の暫定的停止
　八　子に対する面接交渉の制限又は禁止
　九　裁判所の指定する加害者のための更正プログラムまたはカウンセリングへの参加
　十　その他申立人並びにその指定する親族及び同居人に対して，その生命身体の安全又は生活維持のために必要と認められる措置
2　保護命令申立の取下は，裁判所の許可なくして行うことはできない。裁判所は，取下の理由について職権で調査を行い，相当な理由が認められる場合でなければ，取下の許可を行ってはならない。
3　保護命令の変更又は解除は，申立又は職権により，当事者双方の審問を経て行われなければならない。
4　裁判所は，保護命令に相当な期間を付することができる。裁判所が，保護命令に期間を定めなかった場合は，保護命令は裁判所の解除決定あるまで効力を有するものとする。
5　保護命令に有効期間が付された場合，裁判所は申立又は職権により，保護命令の有効期間を延長することができる。
6　保護命令に有効期間が付されていない場合，裁判所は申立又は職権により，相当の理由があると認める場合には，保護命令を解除することができる。
　（緊急保護命令）
　第11条　ドメスティック・バイオレンスの被害者及び検察官は，被害者の心身に重大な危険があるときには，書面又は口頭で，緊急保護命令の申立を行うことができる。この場合，申立人は，司法警察職員の陳述により疎明を行うことができる。
2　前項の申立に対し，裁判所が相当な疎明がなされたと認めるときは，申

立時から24時間以内に，緊急保護命令を発令しなければならない。
3　緊急保護命令は，次の命令を内容とすることができる。
　一　申立人並びにその指定する親族及び同居人に対して，ドメスティック・バイオレンスを行うこと及びドメスティック・バイオレンスを行うことを告げて威迫する行為の禁止
　二　直接間接を問わず，申立人に対して，面会・電話その他の方法で接触し又は連絡をとる行為の禁止
　三　申立人並びにその指定する親族及び同居人の住居，就業場所，就学場所，その他申立人の指定する場所への立入り及び接近禁止
　四　親権の暫定的停止
　五　その他申立人並びにその指定する親族及び同居人に対して，その生命身体の安全又は生活維持のために必要と認められる措置
4　裁判所は，司法警察職員に緊急保護命令決定書謄本を被申立人に交付させることにより，その送達を行うことができる。
5　緊急保護命令の申立の取下，緊急保護命令の変更又は解除については，前条（保護命令）の規定を準用する。
　（保護命令・緊急保護命令の通知）
　第12条　裁判所は，保護命令又は緊急保護命令を発令した場合は，所轄の警察署に対し，申立人及び被申立人の住所，氏名，命令内容，命令の有効期間その他ドメスティック・バイオレンスの防止の為に必要と認める事項を通知しなければならない。
　（保護命令の送達，効力等）
　第13条　保護命令及び緊急保護命令は相手方に送達されることにより効力を生じる。
2　保護命令及び緊急保護命令に対して不服がある者は，2週間以内に抗告することが出来る。
3　抗告は執行を停止する効力を有しない。但し抗告裁判所は決定をもって執行を停止することができる。
　（調停手続の停止等）
　第14条　裁判所は，保護命令又は緊急保護命令の申立があった場合には，速やかに当事者間に家事調停事件，家事裁判事件その他の訴訟事件が係属しているか否かを調査し，家事調停事件，家事裁判事件その他の訴訟事件の係属裁判所に保護命令の申立があった旨を通知しなければならない。

2　前項の通知があった場合，調停事件の係属裁判所は，保護命令又は緊急保護命令の取下許可，解除，取消又は期間終了までの間，調停事件を停止しなければならない。

3　第1項の通知があった場合，訴訟事件の係属裁判所は，保護命令又は緊急保護命令の取下許可，解除，取消又は期間終了までの間，訴訟上の和解を行ってはならない。

（被害者の住所居所の秘密保護）

　第15条　裁判所，裁判所職員及び司法警察職員は，職務上知りえたドメスティック・バイオレンスの被害者の住所，居所その他の情報を，被害者の許可なく加害者その他の第三者に開示してはならない。

（罰則）

　第16条　本法に定める第10条（保護命令）第1項一号ないし六号又は第11条（緊急保護命令）第3項一号ないし三号に違反した者は，2年以下の有期懲役又は拘留もしくは50万円以下の罰金に処し，またはこれらを併科する。

（累犯加重）

　第17条　保護命令違反又は緊急保護命令違反で有罪判決を受けた者が，その確定判決の言渡を受けた日から，5年以内に保護命令違反または緊急保護命令違反を行った場合は，3年以下の懲役又は100万円以下の罰金に処し，又はこれらを併科する。

（保釈等）

　第18条　裁判所は，保護命令違反又は緊急保護命令違反の容疑で勾留されている者，又はドメスティック・バイオレンスを行ったことが刑法上の罪に該当するとの容疑で勾留されている者の勾留取消，保釈又は勾留執行停止の決定を行なうにあたり，事前に被害者の意見を徴することを要す。

2　前項の場合，裁判所は勾留取消，保釈又は勾留執行停止の決定と同時に，決定の内容及びその条件を被害者に通知しなければならない。

（刑の執行猶予）

　第19条　保護命令違反又は緊急保護命令違反の罪で刑の言渡しを受けた者，又はドメスティック・バイオレンスを行ったことが刑法上の罪に該当するとして刑の言渡しを受けた者が，その刑の執行を猶予される場合には，執行猶予中次の条件を付して保護観察に付することができる。

　　一　被害者並びにその指定する親族及び同居人に対して，ドメスティック・バイオレンスを行うこと及びドメスティック・バイオレンスを行うこと

を告げて威迫する行為の禁止
　二　直接間接を問わず，被害者に対して，面会・電話その他の方法で接触し又は連絡をとる行為の禁止
　三　被害者並びにその指定する親族及び同居人の住居，就業場所，就学場所，その他被害者の指定する場所への立入り及びかかる場所から一定距離への接近禁止
　四　裁判所の定する銃器その他の危険物の所持の禁止・引渡
　五　アルコール又は薬物の所持禁止
　六　裁判所の指定する加害者のための更正プログラム又はカウンセリングへの参加。但しこれらの費用は加害者が負担する。
　七　被害者への損害賠償
　八　その他，被害者及びその親族及び同居人の保護のために必要な措置
２　前項の場合，裁判所は加害者が刑の執行猶予を受けたこと及び刑の執行猶予の条件について，判決言渡しと同時に被害者に通知しなければならない。
３　保護観察に付された者が，第１項の条件に違反した場合には，執行猶予の言渡しを取消すものとする。
（仮出獄の条件）
第20条　第18条（保釈等）及び前条（刑の執行猶予）の規定は，保護命令違反又は緊急保護命令違反の罪で刑の言渡しを受けた者，またはドメスティック・バイオレンスを行ったことが刑法上の罪に該当するとして懲役刑の言渡しを受けた者が，仮出獄によって保護観察に付される場合に，これを準用する。
（受刑者の処遇計画）
第21条　関係政府諸機関は，保護命令若しくは緊急保護命令に違反し，又はドメスティック・バイオレンスを行ったことにより刑法上の罪を犯した受刑者の処遇計画を定めなければならない。

2…参議院共生社会に関する調査会の活動

　参議院におけるDV防止法案の準備過程は大変に注目されるべきものです。ここで簡単に紹介しておきたいと思います。

第2章　立法化の動き　35

日米フォーラム会場

　参議院は，1998年に，社会を構成しているさまざまな人々（男性と女性，健常者と障害者，日本人と外国人，現役世代と年金世代等）が，互いにその存在を認め合い共生していく社会へ的確に対応することをめざし，社会における人と人の新しい関係を模索すべく，「参議院共生社会に関する調査会」を設置しました。委員は，2001年1月末現在25名で，会長は石井道子議員（自民）です。最近の参議院は，各種の調査活動，立法活動に熱心ですが，この調査会も活発で，最初に「男女等共生社会の構築に向けて」を当面の調査テーマと定め，さらに具体的に「女性に対する暴力」と「女性の政策決定過程への参画」を取り上げました。

　調査会は，1～2年目に，「女性に対する暴力」について調査を行いました。そして，原ひろ子氏（お茶の水女子大学ジェンダー研究センター長：当時），戒能民江氏（東邦学園短期大学：当時），渡辺智子氏（弁護士），小西聖子氏（東京医科歯科大学難治疾患研究所：当時），米山奈奈子氏（アディクション問題を考える会），最高裁判所，警察庁，法務省，文部省，厚生省，労働省のヒアリングや，徳島県，兵庫県での実態調査，イタリア，イギリス及びノルウェーの各国における実情調査をふまえて，参議院議長に中間報告を提出しました。

　さらに3年目の2000年4月に，立法化をめざして党派を超えて幅広く取り組むために，超党派の議員によって構成される「女性に対する暴力に関するプロジェクトチーム」を設置しました。正規メンバーは6名，オブザーバーは5名の合計11名で，法的対応策等について具体的な検討を進めています。正規メンバーは，南野知恵子議員（自民・座長），小宮山洋子議員（民主・

副座長），大森礼子議員（公明），林紀子議員（共産），三重野栄子議員（社民），堂本暁子議員（無所属の会）で，オブザーバーは，仲道俊哉議員（自民），竹村泰子議員（民主），但馬久美（公明），八田ひろ子議員（共産），福島瑞穂議員（社民）です。

　このプロジェクトは，近藤恵子氏（女のスペースおん），阿部裕子氏（かながわ・女のスペースみずら），柴田幸子氏（神奈川県婦人相談員），岸信子氏（東京都女性相談センター），長谷川京子氏（日本DV防止・情報センター，弁護士）などの民間シェルターや婦人相談所等現場でこの問題に取り組んでいる有識者，寺尾美子氏（東京大学），戒能民江氏（お茶の水女子大学），増田生成氏（国会図書館）等の学識経験者からヒアリングを行うとともに，最高裁判所，総理府，厚生省，警察庁，厚生省，法務省等関係省庁との討議を重ねました。その上で，プロジェクトチームの議員間で，新たな法的対応が求められる事項とその論点等について検討を重ねて，2001年1月31日に「配偶者からの暴力の防止及び被害者の保護に関する法律案骨子（案）の概要」を公表し，さらに2001年2月23日に一部のNGOとの意見交換会を開催しました。調査会では，2001年の通常国会中に立法化をめざしています。

　プロジェクトチームの骨子（案）は以下にその内容をそのままご紹介しますが，従来，法曹関係者や研究者がDVに関して関心が薄い日本では到底無理と半ばあきらめていた内容にまで踏み込んでいます。とくに，民事保護命令の制度化をめざしている点は注目に値します。新しい民事保護命令の制度は，保護命令制度の導入で被害者保護に実績をあげているアメリカ合衆国のさまざまな州の制度をモデルの一つにして考えられています。

　民事保護命令は，制度を創設しただけではあまり機能しません。民事保護命令を申立てしやすいしくみや環境を整えてこそ初めて活用される制度です。そこで，申立を行う場所をどのようなものにするのかが重要になってきます。ここは，DV被害者が自ら救済を求めてくる最も重要な場所です。制度の立ち上げと運用がうまく行くかどうかは，DV事件が社会の奥底に沈潜して被害者が孤立したまま苦しむか，実態が明らかになって本人を中心とする問題解決の仕組みが作り出せるかの境目です。「女性に対する暴力に関するプロジェクトチーム」の骨子案でも，現在の婦人相談所を改編して，DV被害者がDVについて相談し，救済を求めてきたときに支援を提供する場所として，新たに「配偶者からの暴力相談支援センター」を立ち上げようとしています。アメリカ合衆国首都のワシントンD.C.では，こうした申立場所を「インテ

イク・センター」と呼んでいます。日本語に訳すと「受付センター」ですので，単なる窓口と軽視されがちですが，現地を見れば，その重要性がよくわかります。プロジェクトチームのメンバーとワシントンD.C.DV法廷関係者との懇談の機会を作り，意見交換をしたときにも，民事保護命令と制度へのアクセスのしやすさが大きな論点となり，重要性が強調されました。

　よく知られているように，日本の立法制度では，国会議員が発議する議員立法と，内閣が提出する閣法の2種類の法案準備が可能です。従来，閣法が質量ともに圧倒的で，議員立法の不振が指摘されていました。議員立法で法案を準備しても，同じテーマについての法案であってさえ，特定の政党に所属する議員だけでグループを作り，各々が法案を提出した例が多く見られました。参議院の一連の改革は，これに対する反省から始まったものです。

　もう一つ，国会法などでは，衆議院・参議院の委員会や調査会が提案する議員立法，いやむしろ議院立法といっても良いタイプのものが予定されています。ここで特に注目されるのは，今回のプロジェクトチームと共生社会に関する調査会の活動が，既存の制度の不備を打破して新しい制度を作るため，利害関係のある関係省庁に法案作成を任せず，参議院法制局を活用し，委員会・調査会が超党派で自らのめざす立法活動を行っていることです。これは，本来は制度上予定されていたのに実際は不活発であった議員の立法活動のかたちとして大いに注目され，評価されるものです。

　また，最後に，プロジェクトのメンバーについて紹介します。このプロジェクトには，従来からこうした問題に熱心に取り組んできた女性議員が参加しています。その中にあって，仲道俊哉議員（自民）は唯一の男性議員であり，実際に，誠実に調査，討議に参加しています。DV等の問題については女性議員のほとんどが熱心に活動するのに対し，男性議員の理解が得にくく，制度設計が難しいと言われがちです。1999年の男女共同参画社会基本法が国会で審議された際にも，そうした声を多く聞きました。しかし，仲道議員の活動は，すべての男性議員が無関心，無理解であるのではないことを示すよい実例です。（江橋崇記）

【資料／参議院共生社会に関する調査会
　女性に対する暴力に関するプロジェクトチーム
　配偶者からの暴力の防止及び被害者の保護に関する法律案骨子（案）（2001年1月31日）】

この法律案は，配偶者からの暴力が，犯罪となる行為であるにもかかわらず，被害者の救済が必ずしも十分に行われてこなかったこと，配偶者からの暴力の被害者の多くが女性であり，個人の尊厳及び男女平等を侵害する行為であること等にかんがみ，配偶者からの暴力の防止並びに被害者の保護及び自立支援を図るために制定するものであり，その概要は次のとおりである。

一　国及び地方公共団体の責務
　　国及び地方公共団体は，配偶者からの暴力を防止し，被害者を保護する責務を有するものとする。

二　配偶者からの暴力相談支援センター
　1　都道府県は，婦人相談所その他の施設において，当該各施設が配偶者からの暴力相談支援センターとしての機能を果たすようにするものとする。
　2　同センターでは，配偶者からの暴力に関する相談に応じ，被害者及びその家族に対し，カウンセリング，一時保護，自立して生活することを促進するための情報提供，シェルター（被害者等を居住させ，その配偶者から生命・身体に危害を加えられることを防止する施設）の利用についての情報提供等を行うものとする。

三　被害者の保護
　1　通報等
　　(1)　生命又は身体に危害を及ぼすと認められる配偶者からの暴力を受けている者を発見した者は，配偶者からの暴力相談支援センター・警察官に通報するよう努めるものとする。医師等については，配偶者からの暴力による傷病者を発見した場合に，その者の意思を尊重しつつ，通報できることを明らかにする。
　　(2)　医師等は，配偶者からの暴力による傷病者に対し，配偶者からの暴力相談支援センター等の利用についての必要な情報を提供するよう努めるものとする。
　2　配偶者からの暴力相談支援センターによる保護
　　配偶者からの暴力相談支援センターは，通報・相談を受けた場合において，必要があると認めるときは，被害者・その同伴する家族の一時保護・一時保

護の委託をするほか，被害者に対し，同センターの業務の内容について説明・助言を行い，必要な保護を受けるように勧奨するものとする。
　3　警察官による保護
　警察官は，通報等により配偶者からの暴力が行われていると認めるときは，法令の定めるところにより，暴力の制止等配偶者からの暴力による被害の発生を防止するために必要な措置を講ずるよう努めるものとする。

四　保護命令
　(1)　被害者が更なる配偶者からの暴力により生命又は身体に重大な危害を受けるおそれが大きいときは，裁判所は，被害者の申立てにより，当該配偶者に対し，6月間の被害者への接近禁止又は2週間の住居からの退去を命ずることができるものとする。
　(2)　(1)の申立ては，一定の事項を記載した申立書を，被害者又は配偶者の住所等を管轄する地方裁判所に提出して行うものとする。
　(3)　裁判所は，被害者が配偶者からの暴力相談支援センター・警察に保護等を求めた事実があるときは，当該機関に対し，保護等を求めた際の状況及び当該機関が執った措置の内容を記載した書面の提出・説明を求めることができるものとする。
　(4)　(3)に掲げる事実がないときは，申立書に，公証人の面前で宣誓の上で認証を受けた配偶者からの暴力に関して作成された供述書を添付するものとする。
　(5)　裁判所は，(1)の事件については，速やかに裁判するものとする。
　(6)　命令に違反した者は，1年以下の懲役又は100万円以下の罰金に処するものとする。

五　その他
　1　民間シェルター等に対する必要な援助についての規定を置くものとする。
　2　職務関係者の配慮及び研修，教育及び啓発，調査研究の推進に係る規定を置くものとする。

第2部
DVへの法的対応の進展
──ワシントンD.C.の場合

Domestic Violence

第3章
司法制度の改善

報告　ステファン・G・ミリケン

1．設立の経緯

日米フォーラムにて。
ミリケン判事（左から2人目）エプスタイン教授（右端）
デイリー・ヨミウリ提供

　私はワシントンD.C.第一審裁判所DV法廷の初代裁判長に任命されました。1996年11月に法廷は開設されましたが，すぐに事件を大量に取り扱うことになりました。DV法廷が設立された背景には，非常に強力な女性運動，長い間，強姦救援センターやシェルターで救援にあたってこられた方たちがいまして，法廷の開設を待ち受けていたからです。

　私自身の仕事のエッセンスを表現してみますと，殺人の予防と，被害者を

自由にするという二つだと思います。暴力事件の被害者としては，子どももいますし，男性の被害者もいますが，多くは女性です。1994年に司法省が発表した統計によりますと，病院の緊急治療室で治療を受けた150万人のうち，半数近くのケースが，被害者が加害者を良く知っていたものでした。そうした親密な関係にある人の間の暴力事件をFBIが調べてみましたら，被害者の90％が女性でした。ですから，これからは，女性に対する暴力に焦点を絞ってお話します。

(1) DVは世界的な広がりのある問題

　DVに対する闘いは，男性支配的社会から生まれてくる虐待から被害者を自由にする闘いです。DVは他の人を支配するために何らかの力を使うことが正当化されてきた社会では世界中どこでも起きている現象です。アメリカでは，19世紀の後半まで，夫が妻に対して暴力をふるうことを法律が公的に認めていました。エプスタイン教授が以前に世界中のことわざを集めたように，各国でDVが起き，それを是認する法律があります。たとえばフランスでは，暴力の跡が残らない限りは殴ったり蹴ったりすることを認める法律が制定されたことがあります。これに加えて，妻の主人になりえない男は男足り得ない，とも言われています。ロシアでは，妻はたとえ10回殴っても壊れはしない。アフリカでは，結婚する相手は，自分が闘う相手だ。イギリスは，スパニオという種類の犬と女性とくるみの木はたたけばたたくほどよくなる。革命前の中国では，妻は子馬と同じで，その上に乗って尻をたたくものだ。ヘブライ語では，女性は男性が女性に対して使う鞭にお辞儀をすべきだといわれています。日本ではどうでしょうか。

(2) DVへの取組

　私が言いたいのは，DVというのは，世界中でどこでも等しく存在している虐待の形態だということです。ご紹介したような考え方はアメリカでも非常に根深く浸透しているために，これを法律問題にするには非常に大きな抵抗があります。つい最近まで，DV事件の現場にきた警察官は，被害者には「自分の家族のもとにいけ」といい，加害者には「その辺を散歩して来い」というのが普通でした。被害者が裁判の途中で告訴を取り下げると，検察官は必ずといっていいほど訴訟を取り下げていました。裁判官，検察官のほとんどは男性ですが，DVを犯罪とは見ていませんでした。

私は，刑事裁判担当の裁判官の立場から考えていますが，DVは犯罪であると思います。この点は，エプスタイン教授と少し考え方が違うかもしれません。DV事件に関する民事手続と刑事手続とが相互に補完しあう，あるいは相互に競合する関係にある，そういう側面で考えると，もっぱら刑事手続一本で進められる通常の犯罪事件とは少し違ってきますが，基本的にはDVは犯罪です。それが，何百年，何千年と社会で罰せられないでいたとしてもやはり犯罪なのです。
　DV問題に対処する第二の視点は，DVが起こるのは社会が容認しているから，社会がそうさせているからだということです。今，合衆国では，DVに関する法律がより整備されていますし，DV法廷もできています。これは，女性たちが長年にわたって，男性たちも加わっていますが，「もう容認できない」，「もうたくさんだ」という声をあげてきたからです。もうたくさんだ，という声をあげたことによって，その他の公民権運動と同じように一種の革命が起こりました。1970年代から「殴られる女たち」の救援にあたってきた女性たちが，警察や検察や裁判官，立法府に対してDVを犯罪として扱うようにいってきました。こうした女性たちの闘いがあったから，連邦や各州に立派な法律ができ，今日私たちがご説明をするためにここにうかがっているわけです。

2．現状

　日本では，DV事件を扱う裁判所を家庭裁判所にするか地方裁判所にするかという議論があると聞きました。ワシントンD.C.第一審裁判所では，DV事件に関しては，民事裁判，刑事裁判，家事審判を統合して，新たに「DV法廷」という裁判所を作ることにしました。その理由は，家庭裁判所は，裁判官の間でやや一段下の裁判所として見なされがちであるからです。

(1)　民事保護命令と一時保護命令
　それでは，もう皆様もよくご存知かと思いますが，DVの法制度について簡単にご説明致します。DVに関する法律としては，最初に，合衆国の多くの州で民事保護命令を定めた法律が制定されるようになりました。今では，すべての州で，こうした法律ができています。また，被害者にとって暴力にさらされる危険が一番大きいのは，虐待の関係を去ろうとしたときですので，

その時期に被害者を保護する一時保護制度を定める法律もできました。さらに，民事保護命令が十全なものであるためには，単に接近禁止の命令だけではなく，子どもの監護権，面接交渉権，財政的支援を含む広範な命令によって被害者を保護しなければなりません。これによってはじめて被害者は暴力的な夫や恋人との関係から自由になることができるのです。

(2) 民事保護命令の実効性の確保

ほとんどの州では，民事保護命令をより実効的にするために，民事及び刑事の法廷侮辱を適用しています。また，多くの州で，民事保護命令違反を特別法上の犯罪としています。民事保護命令を単なる紙以上の実効的なものにするためには，執行を確保する制度が重要で，とくに法廷侮辱による後押しや犯罪としての明確化が非常に重要になってくる，ということです。民事的な制裁と刑事的な制裁とは違うものでありまして，この両者が必要だということです。個々の事件の性質に応じて，適切な方が選ばれます。このように，法律の幅広さ，柔軟性が重要です。これによって被害者の安全確保が十分にできるようになるからです。

DV事件を専門に扱う法廷を作ったことで，刑事事件の増加がとくに目立ちます。その大部分が，民事保護命令違反に関わるものでした。民事保護命令に違反した場合には，特別の犯罪として刑事訴追できるということがよく機能しています。被害者自身が民事保護命令の正しい執行のため自分で法廷侮辱を訴え出る必要がなくなったのです。

(3) 申立の費用負担

日本では，加害者の行動に制限を課す命令を裁判所に出してもらうには非常に多くのお金がかかると聞きました。ワシントンD.C.のDV法廷の場合，民事保護命令を求めてくる人の75％が弁護士の代理人を立てないで，自分で裁判をしています。裁判の費用は無料です。この裁判にお金がかかるようでしたら，こうした女性たちや被害者の子どもを救済することは望めません。

(4) 関係者の意識改革

これらと平行して，もっと進展の度合いが遅いのですけれども，警察官，検察官，裁判官の意識の変革が必要です。この人たちは，以前は，DVを軽視するか無視してきましたが，ようやく最近になって，法をきちんと執行す

裁判官研修教材（表紙）

るようになりました。これができるようになったのも，法律が改善されたおかげです。

警察官　ワシントンD.C.でもそうですし，その他の州でもそうですが，警察官は法執行官として犯罪に対処するというよりも争いを仲裁する世話役という意識をもっていました。そこで，たとえば，1990年のワシントンD.C.の統計ですが，DV事件の逮捕者は事件全体の5％に過ぎませんでした。しかし，1991年になると，警察官がDV犯罪にあたると考えるときに必ず逮捕しなければならない，「必須的逮捕法」ができました。その結果，逮捕率が8倍の40％以上になりました。1994年に連邦議会で「女性に対する暴力防止法（VAWA）」ができました。この法律により，民事保護命令の執行に必要な費用及び違反した場合の刑事的な処罰の費用に関して予算を増額することが可能になりました。また，警察による民事保護命令の執行がやりやすくなり，再び被害者が加害者のところへ戻らないで済むようなサポートも手厚く行えるようになりました。実はこれが，DV対策のポイントです。合衆国では，警察官が裁判所の出した命令をきちんと執行するかしないかが，常に問題なのです。

検察官　検察官もだいたい同じ問題を抱えています。1994年に「女性に対する暴力防止法」ができても，翌1995年の段階では，起訴に至ったDV事件のうち，有罪が認められたのは全体の15％に過ぎませんでした。なぜかというと，被害者が告訴を取り下げると検察はほとんど自動的に公訴を取り下げていたからです。被害者が告訴を取り下げる理由は容易に推測できます。加害者等が被害者をおどしてそうさせているからです。そこで，1995年以降は，ワシントンD.C.でもその他の州でも，「公訴に関するノードロップ方針」がとられました。これは，公訴が提起され，事件に関する証拠が十分な場合には，被害者が取り下げを希望しようとしまいと，公訴を取り下げないで，裁判を進行させていく方針です。これにより，本来処罰されるべき犯罪なのに罪を免れるという事例が減少しました。

(5) 加害者の逮捕

　DV法廷開設以前には，離婚，子どもの監護権などを得るのに弁護士を必要とし，自宅や共有財産の所有権について異なる裁判所で扱われ，子どもの監護権についても異なる裁判所で扱われ，費用が高くつきました。民事手続と刑事手続は別々に行われていました。しかし，DV法廷を開設し，民事保護命令に従わなかったときに罰する規定を策定してから，状況は改善されました。かつて暴力をふるった人が被害者に再度暴力をふるうことが減少しました。

　DV事件では，被害者が事件を通報した後，必須的逮捕法によって加害者が逮捕されます。その後，被害者はシェルター活動をしている支援者等の支援を受けます。そして，民事保護命令を得るための支援，離婚や監護権を得るための支援，面接交渉権をつけるかどうかなど，民事事件に関する支援を受けます。それらは無料で受けることができます。刑事事件では，逮捕されたその日のうちに加害者が拘置所に収容されるか釈放されるかが決まり，釈放されるときには「刑事接近禁止命令」が出されます。もし違反があれば，保護観察官か警察が，必須的逮捕法によって再逮捕することになります。

3．影響

(1) 加害者からの報復の減少

　ただここにはデリケートな問題があります。ノードロップ方針によって，もはや被害者をおどしても取下げを強要しても意味がないのですから，これで今日では脅迫が減って，女性の安全を確保できます。しかし，告訴は将来的には安全を脅かすことになる危険性がなおなくなっていないからです。裁判所は検察側に有利に働く傾向があります。それは，加害者に対して融和的に対応しても，加害者が自ら反省する効果が期待できないからです。ごく普通の軽罪に当たるものですと，最大限度の180日の懲役刑が命じられます。ところが，加害者の暴力のサイクル，暴力の増大を考えていくと，この場合には加害者側が出所後により大きな暴力を被害者にふるう，また死に至らしめるような暴力を招くかもしれません。この点についても，最近の法律改正により逮捕件数や起訴率が上がって，被害者からの通報が増え安全性が高まりました。被害者が通報しても将来も安全だという感じを得ることができるようになったからです。

DV啓発月間（10月）に開催される通称「Women's March」。DVも大きなテーマの一つ

(2) 殺人事件の減少

　DVの通報件数が増えると，DVによる殺人事件の比率が下がると言われています。DV事件が表沙汰になっている件数は氷山の一角です。その多くは潜在化しています。たとえば，1996年にDV法廷が開設される以前には，ワシントンD.C.ではDVによる殺人事件が年間30件起きていました。これは，パートナーや夫からの殺人ということです。もちろん子どもを虐待死させてしまうケースもあるのですが，そうした事件はDV法廷では扱いませんので，この数字には含まれていません。

　DV法廷開設後には，まず起訴率が上がり，一般的社会における啓発が行われ，毎年10月がDVに関する啓発月間とされています。これらの相乗効果で，ワシントンD.C.で夫からの殺人の件数は年間3件にまで減りました。裁判官としてこの問題を担当し，これほど大幅な変化を身近に経験するとは夢にも思っていませんでした。

　DVを許さない，という方針の採択によって，今度は加害者側が不安を感じていると思います。カリフォルニア州サンディエゴ市の例を挙げますが，家族内での殺人が1985年には約30件起こっていたのが，1994年には7件になりました。この市でも，ワシントンD.C.と同じように，現在でも一桁台に収まっています。私は誇りを持って，私たちの仕事は殺人を減らすことだと申し上げることができます。

(3) 被害者の心情

　さて，DV法廷は，このようによく機能してきました。ワシントンD.C.の

DV法廷の特徴とは，刑事，民事の両方の側面から事件を扱っていることでして，またその受付センターが一ヶ所にまとめられていることです。受付センターでは，政府の職員とNGOの職員が協力して働いていることです。

　裁判所の命令は，法律事項にのっとるものでしかありません。たしかに，被害者が裁判官にどうして欲しいかを述べる機会は与えられますが，それだけです。少なくとも，被害者は加害者に対する苦情や被害者が受けた犯罪の被害について述べます。被害者のケアは，裁判所の命令で行うことはできません。NGOとの協働が必要です。

(4)　DV事件のコントロール

　DV事件は一人の裁判官がすべてを扱うので，加害者側が裁判をコントロールできにくくなっています。1989年の段階では，警察に通報があった9,000件のうち，軽罪の事件として処理されたのは40件以下でした。もちろんDV法廷が開設された後は，何千件もの件数を起訴にもっていっています。20世紀を終わろうとしているとき，起訴率は60％以上でした。この60％というのは，見知らぬ人の間で起こった犯罪の起訴率と全く同じです。有罪判決の出る率も，見知らぬ人の間での犯罪と同じようになっています。かつての加害者側が被害者側に対して支配していた，コントロールしていた関係は変わりました。加害者を明らかにして政府が加害者を訴えるようにシステムに変更を加えたことによって，被害者の生命が救われ，けががより軽くて済むようになり，暴力から自由に，平和に生活することができるようになりました。

(5)　社会に対するインパクト

　私は，一つのミュージックビデオを紹介したいと思います。ベイビーフェイスとスティービー・ワンダーが歌っています。題名は「how come, how long」といいますが，加害者からの暴力に悩む被害者女性をイメージしたもので，DVの関係では何が起こるかが明確に示されています。女性は加害者の男性を殺してしまいます。学生時代は聡明だった彼女が，どうしてこんなことになってしまったのか。愛した男性にひどい暴力をふるわれた。でも逃げることはできなかった。加害者男性と出会ってしまったことで，彼女の人生は変わってしまった。殺人事件を起こすまで，どれほど彼女がつらい思いをし，苦しんできたか。周りの人たちは見て見ぬふりをした。子どもはただ

様子をみているだけだった。

　ラストシーンでのベイビーフェイスの無念そうな表情とともに印象に残ります。このビデオからは，真のDVの被害者は女性であることが見ていただけると思います。

　DVはまた，子どもたちも苦しめることがあります。ビデオの中の子どもは，母親が父親を殺して逮捕されてしまったために，一人になってしまいます。ワシントンD.C.ではもちろん，全米でも，このような子どもの事例が多く見られます。このビデオは，人気の高い歌手が歌っていることもあって，「DVは犯罪である」と社会に強いメッセージを投げかけ，インパクトを与えています。また，元妻を殺害したかどうかが争われたO・J・シンプソンの事件以来，DVは犯罪であるという意識が広まりました。このような認識は，何十年も女性被害者のためのシェルターや緊急相談センターに従事している人にとっては当たり前のことでしたが，ようやく社会で共有できるようになりました。

　また，裁判官もロースクールに戻って，学生に対して「DVとは何か」という教育を行っています。それとは別に，DV事件がどういうときに殺人事件になるのか，どうしたら安全が確保されるのかについて，警察官に対する指導も行われています。医療関係者への研修も行っています。

　このように，DV事件をなくすために最も大事なことは，DVに多くの人が関心を持つことです。DV被害者の約6～7％が，レイプや殺人といった重罪事件の被害者になっています。この数字は，「女性に対する暴力防止法」制定の基礎になっています。ワシントンD.C.では，1991年に「必須的逮捕法」が成立しました。1996年にDV法廷が開設されました。連邦政府は1994年に，民事保護命令制度がない州に対して制度を立ち上げるための財政的支援や民事保護命令違反事件を犯罪とする条項が盛り込まれた「女性に対する暴力防止法」を成立させました。こうした法律の効力が発揮されるのは，コミュニティーに帰ってくる加害者に対してです。皆さんも，これからも活動を続けていただきたいと思います。連邦司法省の建物の前に碑があります。「常に警戒を怠らないことが自由の対価である」と書かれています。私は，DVに関する仕事にはこの言葉が当てはまると思います。

第4章
NGOとの協働

報告　デボラ・エプスタイン

1．DV法廷開設前後の違い

ワシントンD.C.第一審裁判所

　私はワシントンD.C.のDV法廷について，その開設，運営に協力しているNGO活動家の視点からお話したいと思います。つまり，伝統的な裁判所がDVに関して扱ってきたアプローチの仕方，そこにおける根本的な問題点を取り上げ，それをどのように変えていったのかをお話します。
　まずはじめに，4つの問題点を挙げたいと思います。第一に，被害者の即応的な救済，民事裁判・刑事裁判両方へのアクセスの改善です。第二に，民

事保護命令に関して，緊急で，短期間の救済措置と，長期的な家族の問題，子どもの養育費，監護権，離婚の問題などのコーディネートも問題です。第三に，裁判所の被害者に対する対応，アプローチの仕方の改善も考えなければなりませんでした。第四に，同一の家族の構成員が関わっているさまざまな法律上の紛争に関する司法システムのコーディネートの問題です。

(1) 救済システムへのアクセスの改善

受付センター　　第一にDV被害者が保護や救済を求めるときの，アクセスの容易さをどう確保したのかという，救済システムへのアクセスの改善です。1996年の11月に，第一審裁判所内のDV法廷の開設と同時に，受付センターができました。それ以前にもDV事件に対応する家族内犯罪法や必須的逮捕法がありましたが，被害者の申立がさまざまな困難に突き当たり，結局，制度があまり活用されませんでした。私たちNGOもそれを不満に感じていました。そこで，この受付センターでは，「一つのショッピングセンター」という言い方をしますように，被害者が必要としているさまざまな救済措置や支援のサービスを一ヶ所に集めて，被害者がそれを容易に選んで利用できるようにしようという考え方が貫かれています。公的機関とNGOのパートナーシップで問題を解決していこう，という考え方といってもよいと思います。公的機関とNGOが連携するにはいくつかの困難がありましたが，お互いに被害者保護の重要性を認識していましたので，乗り越えることができました。

民事保護命令に関しては，ボランティアの弁護士や被害者救済に関わるNGO等が，被害者と面接して，最近受けた暴力や脅迫の実情，過去の暴力による被害ついて聞き，申立書類を作成する手伝いをしています。ワシントンD.C.では，約75％の被害者が経済的な理由で，弁護士を立てることができません。これは全米でもいえることですが，ワシントンD.C.も例外ではないのです。私たちの考え方は，代理人を立てられなくても救済を受けられるようにしよう，ということです。受付センターでは，まず，訪れた被害者に対して，民事保護命令の内容や申立後の裁判手続を説明し，目的とする民事保護命令を得るために連れてくるべき証人や証拠についてアドバイスや情報を提供します。それから，同センターでは，非常に簡略化された，わかりやすい申立書式を用意していて，被害者がチェックしてしるしをつけて進めば書類としてきちんと整えられるようにしています。法律の専門家でなくて

も法的な書類が用意できるようにしているのです。

刑事裁判へ　一方,被害者が加害者への刑事制裁も望んでいる場合には,検察局から検察官が派遣されて,それに対応できるようになっています。検察官は被害者と面接して,証拠の有無や程度について調査し,起訴するかどうか決定します。ワシントンD.C.の場合には,法律上,刑事裁判に進むには加害者を逮捕しなければなりません。加害者がまだ逮捕されていないときは,警察官も面接に関わって事情を聞き,捜査を開始し,加害者を逮捕します。これによって刑事裁判の手続が進められます。

受付センターにはNGOからもスタッフが派遣されており,被害者の安全確保,社会生活を送るうえで必要な支援,さらにはカウンセリングを紹介するサービスも行っています。こうして,被害者にとってより安心して利用しやすいシステムができた結果,ワシントンD.C.では民事保護命令を請求する事例だけでなく,刑事裁判に進む事件の数も増加しました。

(2)　家族の問題の解決

子どもの養育費　第二の問題点は,短期的な緊急支援と,長期的な家族関係に関わる支援をどうコーディネートするか,ということです。私たちがとくに関心を持っているのは,子どもの養育費の問題です。子どもがいるDVの被害者の多くは,経済的に加害者に依存しています。経済的な保障なしでは,子どもと生活するために加害者のもとに戻らざるをえないケースが多いのです。民事保護命令では子どもの養育費の支払いを命令できます。しかし,最大1年間の効力しかないので,1年間を過ぎた後も養育費に関して経済的な保障が得られるように,改めて養育費請求の裁判を別に起こして,被害者が経済的に困らないよう,私たちは努力しています。受付センターには,子どもの養育支援に関わる担当職員もいて,養育費に関する問題のアドバイスをしています。

子どもの養育費の請求は,民事保護命令の審問と同時に行われます。しかし,裁判官が子どもの養育費に関する命令を出した場合には,民事保護命令とは別個のものとして扱われます。たとえば子どもが成人に達する21歳になるまで父親に支払いを命じる判決が出されます。民事保護命令の有効期間をはるかに超えた長いものです。

1996年の制度改善以前には,本来は法律によって民事保護命令事例で子どもの養育費に関する命令も出すことが義務付けられているにもかかわらず,

実際には全体のわずか2.6％しかありませんでした。現在では，加害者が子どもの親と認定された場合には，子どもの養育費に関する判決もほぼ決定されるようになっています。養育費の平均は，以前は月25ドルでしたが，今日では月300ドルになり，額は小さいものの平均はあがっています。私たちの要求はある程度実現されたと考えています。

離婚調停　先ほど林先生から，離婚を求める裁判についてご質問をいただきました。私たちNGOとしては，DV法廷で民事保護命令と離婚調停や監護権の問題もリンクさせたいと思っているのですが，養育費の場合のようにはスムーズに進んでいません。DVが原因となった離婚の請求は，DV法廷で扱うことができる事例です。しかし，裁判官の数が少なくてとてもそこまでは処理しきれないので，離婚事件を一般的に扱う別の担当に事例を移送してしまいます。将来にはぜひDV法廷に統合させたいと思っています。

(3) 裁判官の対応の変化

第三の問題は，被害者に対する裁判官の対応です。歴史的に，夫には妻を殴る権利があり，それが法的に是認されていました。私的な家族の領域に政府が介入すべきではない，という強い考え方もありました。この点では日本よりもアメリカの通念の方がずっと強いのではないかと思っています。

裁判官も例外ではありません。もう一つ，裁判官の考え方として，DVはあまり深刻な問題ではないのだから法廷の外で扱われるべきではないかという過小評価がありました。同じ被害者が何度もDV被害で裁判を起こし，被害者から何度も何度も同じ話を聞かされることにフラストレーションを覚えるのも事実です。それは，裁判官が，なぜ被害者が加害者のもとに戻ってしまうのかというDV特有の力学が根底にあることを理解できなかったからです。

今では，DV法廷を担当する裁判官は皆，最初に研修を受けることになっています。もちろん研修は役に立ちますが，十分ではありません。私は，裁判官がDVについて理解するためには，法廷で同じようなDV事件を扱い，被害者の話を繰り返し聞き，これは重大な犯罪であるという確信を深めていく，そのプロセスが大事だと思います。研修セミナーに出ているだけでは，十分とはいえません。

全体的にいって，被害者に対する裁判官の態度は非常に改善し向上したと思いますし，包括的な被害者救済制度が必要だという理解が深まったと思います。

(4) コーディネート

　最後の問題は，複数の法的な問題点を抱えているケースの裁判をどうやってコーディネートするかということです。妻が殴られ，民事保護命令を求めてきた場合に，子どもの監護権の問題，養育費の問題，離婚調停の問題など，いろいろな違う問題が同時に出てきます。これらの問題に関して，DV法廷設立以前は，別々の裁判官，別々の法廷が担当していて，情報の共有が全くありませんでした。

　具体的な例を考えてみます。私がDVの被害者だとします。そして民事保護命令を求め，得られたとします。民事保護命令は，子どもの監護権を定め，加害者の暴力から私を守るためのものですので，加害者に対して私と子どもに近づかないよう，連絡もしないように命じる接近禁止命令が含まれます。

　そして翌週に，私は刑事裁判を起こす告訴の手続をしたとします。刑事裁判が始まるまでには通常4，5ヶ月待たなければなりません。その間，告訴された暴力夫の報復や嫌がらせを防ぐために，加害者に対して，裁判が終わるまで被害者に近づいてはならないという刑事接近禁止命令が出されます。ところがその際に，加害者側が，実は加害者と被害者には共通の子どもがいて，加害者にも面接交渉権が保障されなければならない，と主張します。そうすると，裁判官は加害者である父親に，子どもとの面接交渉権を認め，たとえば隔週に一回土曜日に子どもと会わせるようにします。その際には，面会時間を決め，子どもを母親から父親に受け渡し，また母親に戻す方法をアレンジすることになるのです。

　DV被害者である私の手には，全く異なる2つの命令があります。一つは民事保護命令で加害者は子どもに会えない，と制限するもの。もう一つが刑事法廷の命令で，加害者が子どもに会えることを保障するものです。この両方が全く同じ重みを持っている。加害者が命令書をもって，「これを見ろ。『子どもに会える』と書いてあるぞ。」と言い始めます。このとき，警察官による立ち会いを求めてもとまどうばかりでうまくいきません。複数の法律的な問題を抱えた事件では，これらのコーディネーションがなければ，どんな命令でもきちんと執行されないことになります。

　ワシントンD.C.のDV法廷は，この点に注目して制度を改め，一人の裁判官が，一つの家族が抱える全ての法律的な問題について判断をし，コーディネートをする仕組みを作りました。しかし，これはなかなか困難な仕事です。

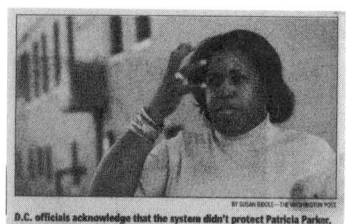

多様な事件の書類にアクセスしなければならないし，民事保護命令とその他の命令との間に矛盾が起こらないようにしなければなりません。

　もう一点は居住権の問題です。民事保護命令の違反事例はたくさんあります。そのほとんどが，子どもに関して連絡してくることです。加害者は，子どもに会う機会を作ろうとします。これを防ぐには，民事保護命令によって加害者は家族の住居を去らなければならない。それが，被害者と子どもにとっての救済になると思っています。合衆国では，ホームレスの約50％がDVの被害から逃れた女性と子どもです。彼女たちはどこへ行くところがないのです。社会は，犯罪に関与した人が家を去らなければならないことを理解しなければなりません。被害者は犯罪者ではありません。

DV法廷の限界を伝える新聞記事ワシントンポスト2000年10月27日

　DV法廷はアメリカ国内でも先進的で革新的な試みですが，改善するべき点もたくさんあり，まだまだ十分ではありません。NGOは，常に壁にぶつかり，二歩進んでは一歩後退するような感じで運動を続けてきました。それでも，以前に比べると非常に大きく改善されています。私は弁護士でもありますので，DV被害者の民事保護命令を求める裁判の代理人としてよく法廷に臨みますが，その度に変化の違いというものをしみじみと感じさせられます。

２．DV法廷とNGO

(1) DV事件の総合法廷に関する検討委員会

　次に，NGO活動についてお話したいと思います。私たちは，長年，性差別やDVの問題に取り組んできましたが，制度の欠落や人々の無理解という壁がありました。ワシントンD.C.では，こうした状態を打開するため，1993年に「DV事件の統合法廷に関する検討委員会」を立ち上げました。メンバーは，公的機関，たとえば警察，検察，裁判官，加害者治療者，さらに

民間団体のシェルター，被害者支援者，社会福祉サービス機関，精神障害者支援団体，公立学校職員で構成されています。一ヶ所に集まり，裁判所におけるもっとも効果的な解決方法を議論しました。約3年の間，月に1度，最後には2週間に1度のペースで集まって，どうすればよい連携が確保できる制度を作り出せるかを話し合いました。

　この動きは，DV防止に向けて現場で活動している運動と密接な関連をもっていました。そして，その最初の段階から，現場が求めている明確な課題，つまり被害者が民事保護命令制度と刑事裁判制度にアクセスしやすい制度を作るという目標を立てることができました。それは裁判所にとっても，検察官や警察官にとっても，また私たちのような弁護士やNGOの活動家にとっても各々が克服しなければならない課題を含んだ大変なことでした。

　DVへの理解不足の克服　　DVについては，合衆国も日本も同様の問題を抱えています。警察官は，事件現場に到着しても「家庭内のただのけんかだ」といって放置してしまいます。これを改めなければなりません。被害者の多くは，夫を刑務所に送ることをためらいます。警察のマイノリティグループに対する扱い方が悪いことも被害者が警察に通報するのをためらう原因です。

　検察官も事件を深刻に受け止めず，したがって訴追をしません。こうした消極的な態度も改めなければなりません。検察官が被害者と面接して，適切に加害者を起訴し，その結果，DVが犯罪として周知されることは重要なことです。

　警察と検察は，加害者を罰することを主な目的としており，被害者保護は二の次です。加害者は刑に服して出所後に，妻や恋人を罰しようとして，暴力をふるう危険性があります。そこで，加害者の服役出所後の被害者の安全をどう確保するかを考えました。

　ミリケン判事がすでにご紹介くださったように，DV事件の数は増えつづけています。DV法廷が創設される前の1989年には，ワシントンD.C.では，DV事件で検察が起訴したのは1年間で25件でした。創設された最初の年の1997年には，起訴された事件が6,400件，1998年には9,000件にものぼりました。NGOの働きがけにより，検察官がDV問題をより深く理解するようになったからです。

(2)　ドメスティック・バイオレンス・クリニック

　被害者を支援する民間団体の一つとして，私が担当しているジョージタウ

ン大学法学部（ローセンター）のDVクリニックもご紹介したいと思います。「クリニック」とは演習授業のことで，ロースクールのクリニックの教育システムは，医学部の教育制度をモデルにしています。依頼者をどのように扱ったらよいか，専門家としての実践的な経験を積むことが目的です。私の学生たちはまだ弁護士免許を持っていませんが，裁判所の許可により，DV法廷で民事保護命令事件の申立人，つまり被害者を代理できる資格を特別に持っています。学生は，被害者と面接し，証人尋問と反対尋問，冒頭意見陳述や最終弁論を行い，法廷活動のすべてを担当します。

クリニックの授業
（上）オブジェクションの練習
（下）冒頭陳述の練習

　これも大学の演習授業の一環なので，学生は実際の裁判に臨む前に，大学の中でDV法廷についての基礎知識を習得します。DV法廷の関係者，すなわち裁判官，検察官，受付センターにいるNGOスタッフなどをゲストに招いて講義をしてもらうこともあります。さらに，クリニックの教員から実践的な指導を受け，法廷活動はその指導の下に行われます。また，法廷で得た経験を常にクリニックの授業にフィードバックし，指導する教員のコメントをもらいます。学生の活動は好評で，実際に原告の勝訴，つまり被害者の希望に沿った民事保護命令を獲得することが多いように思います。学生にとっても，多くを学び，充実した良い経験となっています。将来弁護士になったときに，DV事件をよりよく扱うようになってくれることが，クリニックの演習授業の利点だと思います。

3．その他の論点

(1) DV法廷の課題

　さて，DV法廷にもいくつかの問題点がありますので，これについても少しお話しします。

合衆国では，児童虐待・放任事件が多く発生しています。DV事件と同時に発生する例も少なくありません。しかし，被害者女性が子どもの虐待を行っている事例は少数です。より大きな問題は，子どもを守るためのオプションを，彼女が持っていないということです。夫や恋人が，妻と子どもに暴力をふるっているとします。子どもの虐待を防ぐには，被害者が子どもを連れて逃げることがもっとも有効です。しかし，被害者は，子どもと二人で生活できる収入がなく，加害者の「パワーオブコントロール」に支配されていて，逃げることが難しい状態にあることが多いと思います。すると，後にその児童虐待が発覚した段階で，虐待者からの暴力を防げなかったとして，DV被害者が児童虐待・放任の共犯者として訴えられることになるのです。
　もう一つは，精神的な暴力に関する問題点です。これは，とても複雑な問題で，すべての州の取扱が同じではありません。ワシントンD.C.の場合では，DVの中に含めるかどうかはあいまいです。法律の条文上では含まれていないように読めますが，DV法廷ではこうした事例も実際には扱っています。とはいえ，精神的暴力を受けたという理由だけで民事保護命令を得ることは，とても難しいことです。また，加害者が被害者の求める民事保護命令の審問に出廷して，それまでの暴力の経緯を述べることがあります。加害者は，暴力の事実を否定したり，被害者の欠点を取り上げて反論したりすることもあります。これも被害者にとっては，大きな恐怖です。

(2) 加害者へのカウンセリング

　被害者は，暴力によるつらい経験をしても，加害者の立ち直りを期待し，加害者へのカウンセリングを最も強く求める事例が多くあります。民事保護命令と刑事裁判の両方が，加害者に対して特別なカウンセリングプログラムを提供できます。加害者はグループで，ジェンダー関係，怒りのコントロール方法，暴力のかわりにどうやって配偶者に怒りを伝えたらよいか，という内容のカウンセリングを受講します。カウンセリングは，民間のNGOが行っています。犯罪補償財団（Crime Compensation Fund）という，加害者たちが支払った罰金をもとに作られた財団から，資金を調達しています。DV事件の根本的な解決のためには，加害者の反省と立ち直りが必要です。しかし，現状では，本当の解決にはまだ程遠い状況だと思います。
　カウンセリングがどのくらい効果があるのか，正確なデータはわかりません。ある研究によると，約50％の加害者が暴力をやめるという結果が出てい

ます。たとえ、加害者の暴力がおさまっていても家に戻って欲しくないと被害者が思う事例であっても、約50%が家に帰ります。その場合、その人たちが家に帰って、よい家族関係を築いているかどうかまでは把握できません。わかっているのは、ただ、暴力を繰り返さなかった、ということだけです。精神的なカウンセリングの資源は十分ではありませんが、カウンセリングで家族が回復する可能性があります。

(3) 財源

連邦政府の支援　最後に、DV被害者支援のための財源についてお話します。1994年の女性に対する暴力防止法により、DV事件対策の改善と実践に対して、連邦政府の財政的支援がつきました。財政的支援には、DV事件の取扱、協力体制を改善するために使用するという以外に、条件はありませんでした。全米の各州がそれぞれ計画を立てました。

用意された財源は連邦のものですが、連邦も現場を知っている州政府が予算の具体的な使い道を決めることが最も効果的だと考えたのです。そのお金を、ワシントンD.C.は受付センターとDV法廷の創設に使いましたが、別のある州では、DV支援を行っている現場の人々が、受付センターを作ることに消極的でした。地域が広大なので、被害者がセンターまで来るのが難しいからです。むしろ、被害者の身近で支援活動を行う場所やシェルターを設置する予算にした方がいいと主張し、そうなりました。

民間からの寄付　連邦政府の支援があるとはいえ、私たちは十分な支援は受けられていません。多くの活動には寄付をする提供者がいます。そこで、DVに関連するNGOは、寄付者の団体と一堂に集まって、話をします。たとえば、住宅問題に関心がある財団には、DVとホームレスの関連を伝えます。健康問題に関心のある団体なら、DVが原因で子どもと女性の健康が害され、どのような医療サービスを受けているのかを話します。就業問題に関する団体なら、女性がDVの影響で家にいなければならないので、職が得られていないことを指摘します。一ヶ所に集まって共通の関心事を話し合うことで、さまざまな団体にDVに対する理解を深めてもらっています。このようにして、多くの団体が私たちの活動を理解し、財政的な支援者となってくれます。それは、より多くのDV被害者が救済され、自立できるようになることを意味します。

第3部
現地レポート
ワシントンD.C.
DV法廷の実践と課題

Domestic Violence

第5章
DV法廷の試み

　合衆国首都ワシントンD.C.[1]は，全米に先駆けて，家族内で発生する暴力事件，脅迫事件，財産侵害事件を「ドメスティック・バイオレンス事件」と総合的に把握し，その上で，裁判所がそれを解決し被害者を実質的に救済することを目的とした「DV法廷」を設立したことで広く知られている。それは順調に機能して，有効に活用されている。DV問題への取組には，公私二分論を基盤とする「DV問題は家庭内の問題」という根強い意識の克服など，各国とも苦心しており，さまざまな試みがなされているが，このワシントンD.C.のDV法廷は，総合性，機能性，信頼性で広く注目されているのである。

　本書の序文で，NMP研究会代表の山崎公士が述べているように，大西祥世は，世界各国の国内人権機関について比較調査を行っているNMP[2]の研究員として，ワシントンD.C.に行き，本法廷に関する調査に取り組んだ。

　DV法廷は，ワシントンD.C.以外でも，ハワイ州，フロリダ州に設立されている[3]。ハワイ州のDV法廷は，家庭裁判所を統合して設立されたもので，緊急の場合の子どもの監護権と刑事裁判手続が統合されたものである。フロリダ州のDV法廷は，刑事裁判手続と民事的救済手続の一部分が統合されたものである。すなわち，子どもの監護権，面接交渉権，養育費に関する管轄権がない。したがって，DV法廷は，普遍性をもつものであるが，ワシントンD.C.のDV法廷がもっとも包括的かつ総合的に事例を取り扱うことができるのであり，ここにワシントンD.C.の先進性を見てとることができる。また，裁判所の上層部や連邦司法省の協力を得て，創設の趣旨にそって運用されている点も注目されよう。以下で，このDV法廷の試みを紹介しておきたい。

1…DV法廷

　これまで説明してきたDV法廷は，合衆国の首都ワシントンD.C.の第一審裁判所（Superior Court）の中に，ドメスティック・バイオレンス（以下，「DV」という）事件を専門に扱うために，刑事部（Criminal Division）の一部と家事部家族関係担当（Family Division Domestic Relations Branch）の一部を統合（Unit）させた法廷のことである。正式名称は，District of Columbia Superior Court Domestic Violence Unitであるが，通常は，短く「Domestic Violence Court」と呼ばれている。

　このDV法廷は，ワシントンD.C.中心部の官庁街の中でもひときわ重厚な雰囲気の建物「H. Carl Moultrie 庁舎」の1階に設置されており，101号法廷から104号法廷及びヒアリングコミッショナー室を使って行われている。ここがワシントンD.C.におけるDVの取組のコーナーストーンなのである。

　DV法廷では，家族内犯罪法（District of Columbia Criminal Law Chapter 10 Proceeding Regarding Intrafamily Offenses，略称 Intrafamily Offenses Act）及びワシントンD.C.第一審裁判所DV法廷手続規則（Rules Governing Proceedings in the Domestic Violence Unit of Superior Court of the District of Columbia，略称 Domestic Violence Unit Rule＝「DV法廷規則」）を根拠として，裁判が行われる。

　裁判手続は，DV法廷規則1条によって進められる。同条には，「本規則は，家族内犯罪法16-1001条以下で規定される家族内犯罪に関する全ての手続及びDV法廷の管轄である刑事裁判，家族関係裁判並びに子ども養育費請求裁判に関する全ての手続を定めるものである。本規則は，法と衡平原則に鑑みこれらすべての手続を可能な限り公平，迅速，廉価に執り行うこと，及びDV及び家庭内暴力を撤廃することを目的とする。（略）。DV法廷の管轄する刑事裁判手続は，第一審裁判所刑事規則による。DV法廷の管轄する家族関係裁判手続は，本規則が制定される以前に定められた家事部及び家族関係規則の一般的規則による。（略）。」とある。

1．設置の背景及び経緯

(1) 設置の背景

DV問題の浮上—「親指ルール」の克服—　　もともと合衆国においては，

コモン・ローにより夫から妻に対する暴力が容認されてきた。すなわち，コモン・ローでは，妻は夫の所有物と見なされてきたので，もし，妻が夫の意思に反する場合や，夫の気に添わない場合には，夫は妻を殴ってもよいが，その際には自分の親指より太くないものを使用するということになっていた。これを，「親指ルール（Rule of Thumb）」という[4]。

　DV問題の克服は，この親指ルールとの闘いでもあった。この問題がはじめて社会問題化したのは，1970年代後半である。問題を顕在化させようとして，合衆国の女性たちは，「殴られる女（Battered Women）」という言葉を使用した。女性たちはなぜ殴られなければならないのか。彼女たちはなぜそれに耐えなければならないのか。こうした悲痛な思いと主張がここに込められていた。女性たちの運動が展開されて，合衆国の人々はDV問題を広く考えるようになった。この言葉をつなぎめに，1974年には，DVの被害者女性に対する合衆国最初のシェルターが，ミネソタ州ミネアポリス・セントポール市に設立された[5]。

　しかし，それから20年以上経過した今日でも，社会的には一応家庭内の虐待の根絶が広く受け入れられるようになったにも関わらず，実際にはDV事件は後を絶たない。夫，内縁の夫または恋人に殴られることは，合衆国において女性が被害を受ける最大の理由となっており，また女性が被害者となる殺人事件の約30%はDV関連の事件である。身体的な暴力が少なくとも四分の一の夫婦に生じており，同居，婚約，または交際中のカップルにも同じような割合で生じている。

　法的な対応の遅れ　　　長い間，合衆国の司法関係者は，DV問題への取組に極めて消極的であった。

　警察官はDV事件の通報を受けても現場に出動しない。出動したとしても加害者を放置して逮捕せず，警察が逮捕しても検察官が告発せず，加害者が民事裁判及び刑事裁判に訴えられたとしても裁判官が被害者を保護するための命令を発令したがらないし，事件の再発を抑止する刑罰を加害者に課すことにも消極的であることは，長い間普通のことであった。全体的にDVに関しては，制度上の対応が不十分であった。「親指ルール」は強力なのである。

　かつて，法律関係紙のリーガル・タイムスは，ワシントンD.C.のこうした事情を紹介したことがある。ある日をとってみると，DV関係と見られる11種類の犯罪があった。また，その中で逮捕された140件のうち，71件が不起訴となった。裁判になった69件の中では，25件が有罪を免れた[6]。すな

わち，140件の刑事事件のうちで，処罰にたどり着いたのは44件に過ぎなかったのである。このように多くの事件が法律上の制裁をのがれる事例はめずらしいことではなかった。

さらに，DV事件では，刑事事件と民事事件が複合して起こることが多いが，それぞれを裁く法廷は異なっており，しばしば距離的にも遠く離れた場所で行われる。裁判所の建物が異なるだけでなく，事件を受理する手続も異なる。こうしたばらばらな手続は，問題解決の迅速性を失わせ，被害者を一層混乱させ，結局，被害者の問題解決への希望を失わせることになった。

法律の改革　　DVに関する女性たちの運動は，各地において，DVに対する法的な対応の遅れを批判し，法律の整備，立法化を求めた。こうした声に押されて，合衆国では，この20年間にDV関連法の改革が進んだ。

州レベルでは，全米各州で，救済の程度に差はあるものの，DVの加害者に対して被害者へ近づくことを禁止する民事保護命令（Civil Protection Order＝「CPO」）の制度が立ち上がった。ワシントンD.C.では，1982年に「家族内犯罪法（Intrafamily Offenses Act）」が制定され，DV被害者を保護するCPOの裁定，加害者に対する刑事罰が規定された。また，1991年には通称「必須的逮捕法（Mandatory Arrest Law）」[7]が制定された。これは，警察に対して，DV事例の通報があった場合には，現場に出動することを義務づけ，また，実際に犯罪の成否に疑問が残っても加害者を必須的に逮捕するように定めたものである。

一方，連邦レベルでは，本格的な立法化の作業は遅れたが，クリントン政権の熱心な取組もあって，1994年に，「女性に対する暴力防止法（Violence Against Women Act＝「VAWA」）」[8]が制定された。同法は，各州におけるDV対策実施を義務づけ，州の施策を支援するための予算措置を定め，さらにDV事件が2つ以上の州にまたがる場合に，そのうちの一つの裁判所の判決が，他の州でも同様の効力をもつという内容を規定したものである。この法律の制定により，連邦及び州のDV対策が大きく前進した。

(2)　裁判所の改革──DV法廷の設立

DV事件関連裁判の統合的な取扱　　ワシントンD.C.では，DVの問題は「家族内犯罪法」の扱うところであったが，同法は被害者の救済には十分なものではなかった。1991年の必須的逮捕法により，加害者は逮捕されるようになったものの，その後に続く法的な手続で，検察官や裁判官がDV問題に

対して理解不足なために不適切な結果に終わることが多かった。そこで、ワシントンD.C.第一審裁判所及び控訴裁判所では、「ワシントンD.C.人種・民族作業委員会」及び「ジェンダー作業委員会」(Task Force on Racial and Ethnic Bias and Task Force on Gender Bias in the Court) を1990年に立ち上げ、人種、民族、ジェンダーの観点から裁判所の職務を見直す作業を行った。委員会は、1992年に報告書を提出した。ジェンダー作業委員会からは、裁判所評議委員会 (Committees of The District of Columbia Courts) の委員の男女比率を毎年の年報で公開することや第一審裁判所内に「DV事件統合法廷に関する検討委員会」を設け、DV問題に対する裁判所の取組を再検討することが提案された。

この提言をうけて、1993年に裁判官、検察官、弁護士、大学教授、DV問題に取り組むNGOの代表などで構成される「DV事件統合法廷に関する検討委員会」が設立された。同委員会においては、DV事件では、民事裁判的要素と刑事裁判的要素が複合的に発生していること、そこから民事司法手続と刑事司法手続が行われることになるが、各々が別々に進行するため、被害者にとって過大な負担となっていることなどが問題提起された。そして、2年間の検討を経て、1995年に同委員会は、民事司法手続と刑事司法手続を統合する統合法廷の設置を提案した。これは、合衆国においても社会の大規模化、集中化にともなう処理事件の拡大の中で、「事件における権利義務を確定するのみ」という方向でルーティン化した民事裁判、マニュアル化した刑事裁判への分断を反省し、アメリカ司法の本来担っていた「権利の救済」の原点に立ち戻って問題解決を図るものであり、司法の自己改革能力が健在であることを強く印象付けた。第一審裁判所はこの提案の趣旨にそって、「第一審裁判所DVプラン」を策定した。

DV法廷の開始 ワシントンD.C.第一審裁判所は、「第一審裁判所DVプラン」に基

(上) ジェンダー作業委員会報告書
(下) DVプラン

づき，1996年4月にDV法廷を設立することを決定して，発表した。そして，第一審裁判所の刑事部の一部と家事部家族関係担当の一部の機能が統合されたDV法廷は，同年11月4日に運用が開始された。これによって，DV事件に関する民事司法手続と刑事司法手続が統合された。

DV法廷は，ステファン・G・ミリケン判事など3名の裁判官と1名のヒアリングコミッショナーで構成され，活発な活動を行った。これは，DV問題に関する一つの先進的な手法であり，先行していたが限定的な統合法廷を設置しているハワイ州，フロリダ州に引き続き[9]，本格的な統合法廷として広く注目を集めた。

2．DV法廷の内容

DV法廷は，CPOを裁定する民事裁判と，加害者を処罰する刑事裁判を統合して扱う。DV法廷が根拠とするのは，前述したように，ワシントンD.C.が制定した「家族内犯罪法（Intrafamily Offenses Act）」及び「DV法廷規則（Domestic Violence Unit Rule）」であり，これらに基づいて，裁判が行われる。

家族内犯罪法は，DV法廷以前の1982年に施行されたものであり，不十分さが目に付いたので，1995年に抜本的に修正され，2000年にさらに手直しされた。

民事裁判の根拠法は家族内犯罪法16-1003条，刑事裁判の根拠法は同16-1002条，統合法廷の根拠法は，DV法廷規則1条及び2条である。

(1) DV法廷の管轄

被害者と加害者の範囲　　DV法廷は，「血縁関係のある者」，「法律的な監護権者，被監護権者」，「結婚している者」，「共通の子どもをもつ者」，「現在及び過去の同居人」，「ロマンティックな関係にある者」の間でDV事件が起きたときに，裁判を行う（家族内犯罪法16-1001条(5)(a),(b)）。

「ロマンティックな関係」とは，原告と被告（人）との間の性的関係の有無を問わない。1995年の家族内犯罪法修正前には，「親密な関係（Intimate Relationship）」とされていたが，「ロマンティックな関係」と改正されたことによって，性的関係の有無を問われなくなり，より広い範囲の関係を扱うことができるようになった。

また，同修正の前には，過去の同居人についても，同居終了後1年以内と

第5章　DV法廷の試み　**67**

いう条件がつけられていた。これは，1995年修正によって，制限が撤廃された。

すなわち，原告及び被告（人）の関係の範囲は，親子，きょうだい，養子及び養親，親戚，夫婦，元夫婦，ボーイフレンド及びガールフレンド，以前にそういう関係にあった者となる。場合によっては，ルームメイトも含まれることもある。さらに，被害者，加害者の性別は問わない。

日本においては一般的に，DVとは「夫，パートナー，恋人からの女性に対する暴力」と紹介されている。ワシントンD.C.のDV法廷における範囲は，それだけではなく，高齢者虐待，家庭内暴力として把握される事件も含まれることに留意する必要があろう。

扱う事件の範囲　上記の関係間で，①暴力，②脅迫，③私有財産の侵害という事件が発生した場合に，被害者及び検察は，DV法廷に訴えを提起することができる。ここでいう暴力及び脅迫には，身体的暴力だけではなく，精神的，性的，経済的なものが含まれると解釈されている。

また，事件が発生してから2年以内に訴えを提起しなければならない（家族内犯罪法16-1003条(d)）。この制限は，1995年修正の際に追加された。しかし，ほとんどの事件は，事件発生日かその翌日に訴えられているので，深刻な制限にはなっていない。

訴訟に関する供託金は，無料である。

裁判官の職務　DV法廷は，民事法廷と刑事法廷が統合された法廷である。裁判官の前に当事者に関連する民事事件，刑事事件ごとのすべての訴訟文書が置かれ，並べられることになる。DV法廷を扱う裁判官は，被害者，加害者に関する民事ならびに刑事に関する全ての訴訟記録を閲覧する。その上で，裁判官は，被害者と加害者の関係の変遷，加害者の過去の犯罪歴，保護観察処分の経過，養育費の支払状況など全ての背景を考慮した上で刑事事件，民事事件それぞれに判決を下すことになる。これらの判決が相互に関連してトラブルが一挙に解決されるのがねらいである。

(2) DV法廷における民事的救済の範囲

DVにさらされた被害者は，安全を求めてCPOの訴えを起こすことになる（家族内犯罪法16-0003条(c)）。

被害者がCPOを得る民事裁判の手続は，様式化されているため，それほど複雑ではなく，原告（被害者），被告（加害者）とも弁護士の代理人は必

要とされない。約75％の事例が本人によって処理されている。また，法律的な論点を含む複雑な事例では代理人が必要となるが，その場合も，無料または低料金の代理人が提供される。市民が自己の権利保護を求めるとき，それに要する費用は低額であることが望まれるという，アメリカ司法のよき伝統が取り入れられているのである。

一時保護命令（TPO）　CPOを求める裁判を提起したときはまず，とりあえずの身体の保護，財産の保全のために，「一時保護命令（Temporary Protection Order＝「TPO」）を求めることになる（家族内犯罪法16-0004条(d)）。これは，CPOを得る手続には多少の時間がかかるので，とりあえず緊急一時的に被害者を加害者から保護するものである。したがってTPOの有効期間は14日以内にとどまる。この期間内に，CPOの手続が裁判所によって進められる。

TPOがねらいとするのは，①被害者及びその子どもに対する脅迫，嫌がらせ，肉体的暴力などさまざまな暴力被害にあわないように，被害者の自宅や職場等から加害者に対して100フィート以内に近寄ることを禁止する「接近禁止命令（Stay Away Order）」，②被害者が望まない電話や手紙を送りつけることの禁止，③加害者に子どもの監護権がある場合，その一時的な移動（Temporary Custody）等である。その他，被害者が求める事項，たとえば被害者の銀行口座から加害者が金銭を引き出さないようにするといった事項についても，裁判官が必要と判断した場合は，それを命令に加えることができる。TPOはA4用紙1枚程度にまとめられている。

民事保護命令（CPO）　CPOは迅速な手続で実現される。結論までに時間のかかり過ぎる救済は救済ではない，というアメリカ司法の大原則が生かされている。原告は，CPO裁定を求める場合，TPO裁定後14日以内に設定された審問日の午前8時30分に出廷しなければならない。もし無断で当該日時に出廷しなければ，訴えは自動的に却下される。逆に被告が審問日に法廷に出頭しないときには，裁判官は民事法廷侮辱を宣告することもできるが，被告が欠席した状態で，本来のDV事例裁判を進行させる方が当事者救済のために好ましいので，こちらが選択されることの方が多い。

CPOは，最大12ヶ月間有効である。被害者を救済するための命令には，TPOによる各種の一時的保護の継続とともに，加害者の子どもへの面接交渉権の制限（Visitation），加害者への住居退去，子どもの養育費支払い（Child Support），健康保険料支払い，財産への損害賠償，暴力被害に対する治療費

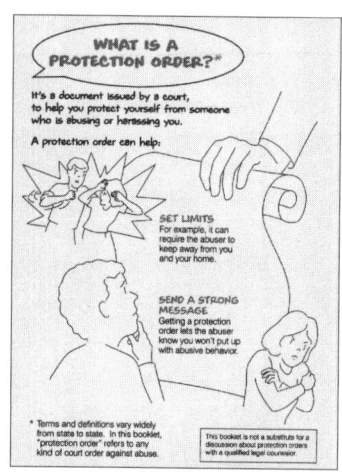

CPOをわかりやすく説明するパンフレット

の支払い，共有住居の所有権放棄，アルコール・麻薬・DV・親業等のカウンセリングプログラムの受講，被害者側弁護士費用の支払い等の命令がある。

したがって具体的には，①被告は原告，原告の自宅及び原告が使用する車より100フィート以内に近寄らないこと，②被告は麻薬及びDV治療カウンセリングプログラムを受講すること，③被告が原告に電話や手紙で連絡しないこと，④被告は原告に子どもの養育費として月300ドル支払うこと，以上を行えば⑤被告は子どもに月末の土曜日の午後に会うことができる，というようなものになる。CPOは通常A4用紙3枚程度のものになる。CPOには，ネゴシエーターによるネゴシエーションで原告，被告が合意したものと，裁判所の判断で付されるものがある（CPOについては，巻末資料参照）。

全ての原告，被告は希望すればネゴシエーションを受ける権利がある。ネゴシエーションとは，TPO裁定後に，CPO審問のために出廷した原告，被告それぞれに対して別々に，中立的な立場から，CPOとは何かについて説明し，両者がCPOの内容に合意できるかどうか話し合うこと（ネゴシエーション）である。ネゴシエーターはまず原告と面接し，CPOに盛り込む内容として原告の希望するものを聞き出す。次に，ネゴシエーターは，被告と面接し，ネゴシエーションの意味，合意した場合の被告の義務，合意が不成立になった場合の裁判の進行などを説明した上で，原告の希望するCPOの内容を伝える。

その後，ネゴシエーターは，両当事者の主張を整理し，ネゴシエーションによって双方の合意がそろったときに，102号法廷の法廷事務官に合意内容を記した書類を渡し，裁判官が審問で当事者にその内容を確認した上で署名をして確定する。被告が事件の事実を否定した場合，またはCPOの内容について合意に達しなかった場合には，ネゴシエーションは不成立となる。この場合，ネゴシエーターは，同事務官を通じて，ネゴシエーション不成立の結果を裁判官に報告し，裁判官が審問を開いてCPO裁定の是非，その内容

を決定することになる。

　実際には，一日に約5件の事例でネゴシエーションが行われる。合意が成立するのは約半分である。不成立の理由には，①被告がDVの事実を否定する，②被告がDVの事実を認めても，原告の求めるCPOの内容に満足しない等がある。

　TPO，CPOに違反した場合の制裁　　被告（加害者）がCPOの命令に違反した場合，民事法廷侮辱（Civil Contempt）または刑事法廷侮辱（Criminal Contempt）に問われることになる（家族内犯罪法16-1005(f)）。民事法廷侮辱とは，裁判所が裁判所命令を強制するため，または裁判所命令に従わないことによる裁判当事者の損害を補償するために課される民事制裁である（DV法廷規則12条(a)）。DV法廷規則3条によって裁判が行われる。民事法廷侮辱の制裁として，罰金300ドルの支払いを命じられる。たとえば，過失によりCPOに違反した事例が民事法廷侮辱にあたるが，実際には民事法廷侮辱に問われる事例は少ない。

　他方，刑事法廷侮辱とは，裁判所の職務執行への妨害を処罰するものであり，罰金1,000ドルまたは懲役6ヵ月という刑罰が課せられる。両者が併科されることもある。（DV法廷規則12条(a)）。実際には懲役刑が選択されることが多い。また，これ以外に，TPO，CPO違反行為が傷害罪など刑事法上の軽罪に該当するときには，刑事訴追され，別途に刑が科せられる。

(3) 刑事制裁の範囲（軽罪の場合）

　DV事件が刑事犯罪を含むとき，加害者（被告人）に対する刑事制裁が行われる。軽罪と重罪で手続が異なるので，別個に説明する。

　まず軽罪の場合であるが，加害者が，家庭内犯罪の罪で起訴された場合，被告人として有罪を認めて刑を軽減してもらう司法取引（バーゲニング）を行うか公判に臨んで争うことになる。いったん公判が始まると，「ノードロップ方針」が適用され，検察官は起訴を取り下げない。すなわち，公判の開始後は，バーゲニングはできない。

　DV事件の場合は，その犯罪行為の大半が懲役1年以下及びまたは罰金刑が課される軽罪に該当するので，陪審員によらない裁判となる。殺人，レイプなどの重罪の場合には，懲役は1年以上となり，陪審員による公判が行われることになるのと対照的である。

　被告人は，刑事裁判では必ず弁護士の刑事弁護を受ける。

刑事制裁の内容　DV行為が軽罪に該当する場合には、1年以下の懲役及びまたは罰金、刑事接近禁止、アルコール・麻薬・DV・親業等のカウンセリングプログラムの受講、社会奉仕活動の実行、保護観察処分などから選択された刑が命じられる。

罪状の認否　予審後、被告人（加害者）はまず、「罪状認否手続」に臨む。罪状認否手続は、ふつうは逮捕から5日後に行われる。ここで検察官は加害者を起訴するか決定する。起訴が決まると、加害者（被告人）は、公判に進むとどのような刑事罰を受けることがあるのか、検察官から説明される。その上で被告人は罪状に関して有罪を認めて刑に服するかまたは無罪の抗弁を行って公判で闘うかの選択の機会が与えられる。多くの加害者はどちらを選択しても、保釈金を支払った上で釈放される。ただし、刑事接近禁止命令を課される。

その際に、多くの事件では、被告人の審問「ステータスヒアリング（Status Hearing）」日程が14日以内に設定される。通常は、被害者のCPOに関する審問の日程と同日に設定される。

被告人の審問では、有罪の取引が受け入れられて刑が確定するか、取引が受け入れられなくて公判の日程が決定される。

有罪の取引が受け入れられた場合の手続　被告人が有罪を認めると、バーゲニングに入る。被告人はより軽い罪を選択して有罪を認めるので、検察がそれに合意していることを確認した上で、被害者による「被害者影響陳述（Victim Impact Statement）」を経て、裁判官による「判決言渡し」となる。

その際に、検察側が被告人に「判決言渡し猶予（Deferred Sentencing）」の選択を認めることがある。この場合被告人は、制裁の実行を定期的に監視され、問題なくその期間を終了すれば、刑事的記録が抹消される。もし取引の結果に従わなかった場合、「被害者影響陳述」を経て、有罪の取引によって定められた刑が自動的に宣告され、実行される。

現地での最近の事例では、バーゲニングが行われてから、2、3ヶ月後に法廷が開かれ、判決言渡しの日程が設定されていた。

有罪の取引が成立しない場合の手続　被告人が無罪の抗弁を行った場合、公判（トライアル）が行われる。そこで、裁判官により無罪と認められると、被告人にはいかなる刑事的記録も残されることなく、釈放される。有罪と認められると、被害者影響陳述を経て、判決の言渡しとなる。

(4) 刑事制裁の範囲（重罪の場合）

　DV事件で殺人，レイプ，強盗など重大な犯罪が含まれている場合は，被告人（加害者）は重罪に問われて，1年以上の懲役または罰金が課される。両者は併科される場合もあるが，ほとんどで懲役刑が選択される。重罪の場合も，軽罪事件と同様に，刑事接近禁止命令，アルコール・麻薬・DV・親業等のカウンセリングプログラムの受講，社会奉仕活動の実行，保護観察処分なども付け加えられることが多い。

　加害者が逮捕されると，検察が事件を起訴し，大陪審による調査及び正式起訴が行われる。その後，審問（ステータスヒアリング）が行われるところは軽罪と同じである。

　その後，公判によって有罪が認められた場合，または有罪の取引によって「有罪の承認」がなされた場合には，「判決言渡し前調査（Pre-sentence Investigation）」が行われ，「判決言渡し」となり，懲役刑か保護観察処分かが決定する。被告人には，刑務所に収監され刑期を務めることになるが，途中で仮釈放される可能性がある。

　重罪すなわち大陪審事件はそれほど多くなく，年間20〜25件である。傍聴する機会があったが，15人の陪審員（内，3人は予備）が証人尋問を真剣に聞く姿勢，そうした陪審員に敬意を表しながら裁判を進行する裁判官など，合衆国の司法の原点を見る思いで印象深い。

(5) TPO，CPO違反に対する制裁

　これまで説明したように，DV法廷は民事裁判でも刑事裁判でも，加害者側にさまざまな禁止命令を下すことになる。こうした被害者保護のための命令に違反してさらに被害を与えると，民事法廷侮辱または刑事法廷侮辱に問われることになり，さらにその行為が新たに犯罪に該当するときには，刑事訴追されることになる。

　CPOはときに無視されたり，破られたりすることがある。裁判官は将来の違反時における制裁も決める。制裁は民事法廷侮辱か刑事法廷侮辱である。

　被告側のCPO違反に対する訴えを提起できる人は，原告か裁判官である。接近禁止命令違反など，通常は原告が訴えるが，被告がCPOで命じられているカウンセリングを受けなかった場合等は，裁判所でないと事情が把握できないので，裁判官の発意で手続が進む。

　他方，CPOの命令に「『被告』も原告側の法廷侮辱を提起できる」という

第5章　DV法廷の試み　73

事項が含まれていることもある。たとえば，原告は被告の自宅から3日以内に引越ししなければならないと裁定されたところ，期限までに作業が終了しなかったという場合は，被告は原告の法廷侮辱を提起できる，といったものである。被告が原告に関する法廷侮辱の申立をした場合，被告は「私人検察官（Private Prosecutor）」と呼ばれ，原告が被告人となる。

さらに，CPO違反事件では，検察官は刑事法廷侮辱を提起できるが，多くの場合は刑事事件として起訴をする。法廷侮辱の申立よりも，刑事犯罪として起訴する方が裁判の効果がより大きいからである。また，刑事手続と民事手続の混同も好まないので，刑事訴追の道を選ぶ方が多い。検察官がCPO違反事例を起訴すると，刑事事件となる。この場合の検察官は，「公的検察官（Public Prosecutor）」と呼ばれる。被告人は，CPO事例の被告である。

(6) 刑事司法制度への被害者の関与

被害者は，刑事事件では裁判の当事者ではなく，証人として発言するだけである。ただし，軽罪の場合では「判決言渡し」の前に，重罪の場合では「判決言渡し前調査」の際に，「被害者影響陳述」を行う機会が与えられる場合が多いので，被害者の被害の実情，事件の後遺症，自分の現在の気持ちについて，裁判官に対して書面または口頭で述べることができる。

3．体制

(1) DV法廷の位置

DV法廷は，第一審裁判所の1階にある。第一審裁判所へ入るには，誰でも入口でX線のセキュリティチェックを通らなければならない。カメラの持ち込みは禁止である。入口を入って右側に101号法廷から104号法廷が並んでいる。いずれもDVの裁判に割り当てられている。このうち，101号法廷，102号法廷で主にTPO及びCPO事例が取り扱われ，103号法廷と104号法廷で主に刑事手続が扱われている。さらに奥に，ヒアリングコミッショナー室がある。

法廷に入る最初の扉を開けると，両側に部屋がある。102号法廷の入口にある部屋が全法廷共通の調停室（Negotiation Office）として使用されている。他の法廷では，こうした部屋が原告や被告及び被告人と各弁護士，検察官，DV法廷受付センターのボランティアなどの控え室，打ち合わせ室として使

ワシントンD.C. ドメスティック・バイオレンス法廷
民事司法手続と刑事司法手続のフローチャート

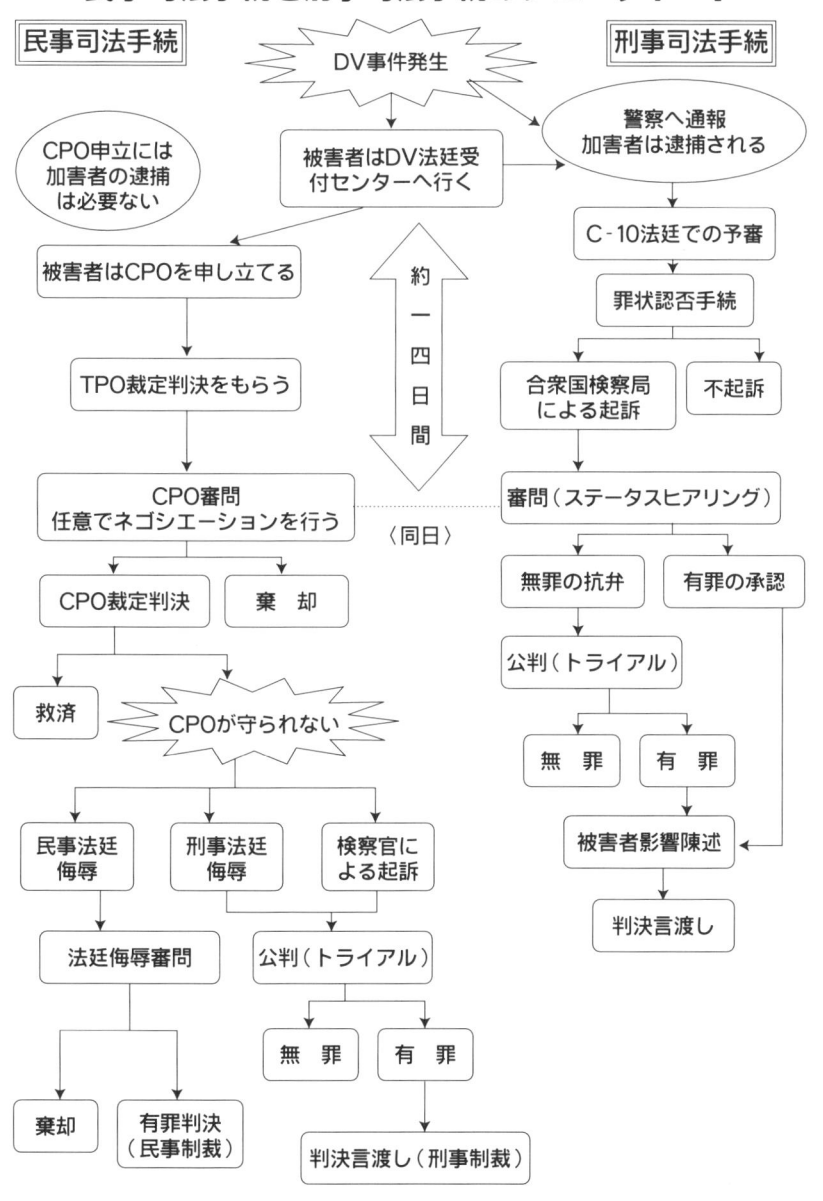

民事司法手続

DV事件発生

被害者はDV法廷受付センターへ行く

CPO申立には加害者の逮捕は必要ない

被害者はCPOを申し立てる

↓

TPO裁定判決をもらう

↓

CPO審問 任意でネゴシエーションを行う

↓

CPO裁定判決 / 棄却

↓

救済

CPOが守られない

→ 民事法廷侮辱 / 刑事法廷侮辱 / 検察官による起訴

法廷侮辱審問 → 棄却 / 有罪判決（民事制裁）

公判（トライアル）→ 無罪 / 有罪 → 判決言渡し（刑事制裁）

約一四日間

〈同日〉

刑事司法手続

警察へ通報 加害者は逮捕される

↓

C-10法廷での予審

↓

罪状認否手続

↓

合衆国検察局による起訴 / 不起訴

↓

審問（ステータスヒアリング）

↓

無罪の抗弁 / 有罪の承認

↓

公判（トライアル）

↓

無罪 / 有罪

↓

被害者影響陳述

↓

判決言渡し

合衆国検察局被害者証言支援係及びEDRP作成チャートをもとに大西が作成

第5章　DV法廷の試み　75

用されている。
　中央を奥に進むと，法廷に入り，傍聴席になる。左右に6人掛けのいすが4列ずつ配置されており，傍聴席を先に進むと木の仕切りの向こう側に，原告，被告（人），弁護士，検察官の陳述席がある。さらに奥の正面はもちろん，裁判官席である。ワシントンD.C.第一審裁判所の紋章を背景に，合衆国国旗とワシントンD.C.旗が置かれているのは，アメリカらしいところである。一段高いところに裁判官がすわり，その横に法廷事務官が座る。事務官が位置する反対側には，証言台がある。
　法廷前の廊下は明るく，裁判所の警備員が常に待機している。また，いくつもの椅子が置いており，裁判の当事者だけでなく，その家族，証人などが待機できるようになっている。
　実は，1996年11月のDV法廷開設以前には，DVに関する裁判が行われる法廷前の廊下は薄暗く，警備員もいなかったため，裁判を待っている間に原告が被告から脅迫を受け，ひどいときには暴力を受ける被害も発生した。これはDVの2次被害の一部であり，原告の精神的ダメージが大きく，環境を改善するべきだと批判されていた。そこで，DV法廷が1階の現在の場所に設置されると同時に，内部を改装して廊下の照明を明るくし，警備員が配置された。現在では，裁判を待っている間に裁判所内で，原告が被告から暴力や脅迫を受けるといった事例はほとんどなくなっている。
　もう一つ，裁判所の地下2階に，保育所が設置されている。原告であれ，被告であれ，必要に応じて子どもを預けることができる。
　このように，DV法廷は，裁判所の環境を整備することによって，DV事件の被害者が裁判所に訴えやすくなるように配慮している。この点は，制度の利用を促進し，DV法廷の目的である被害者の救済に大きく貢献していることから，高く評価できる。

(2) 裁判官，職員の配置

　裁判官　DV法廷では，4名の裁判官がDV事例を扱っており，各法廷に一人ずつ配置されている。4名のうち，男性が3名，女性が1名である。裁判長は，レジー・B・ウォルトン判事である。
　現在の体制は，1999年1月に実現された。それまでは，裁判官3名（ヒアリングコミッショナー1名は同じ）の体制であったので，事例の処理に多忙であった。増員で一息ついたものの，訴えられる事件も増加した。筆者が現

DV法廷の歴代裁判長（左から）
初代：ミリケン判事，2代目：サタフィールド判事，3代目（現在）：ウォルトン判事

地で聞き取り調査をしたところでは，現在の4名の体制でも事例に対応することが大変であるので，今後に，裁判官を5名または6名に増員する計画があるという（実施時期は未定）。

　ヒアリングコミッショナー　ヒアリングコミッショナー（Hearing Commissioner）は，DV事件における子どもの養育費の問題を扱っている。1996年11月のDV法廷発足時より，設置されている。現在のヒアリングコミッショナーは，イベリン・B・コバーン氏（女性）である。

　独自の部屋を持ち，子どもの養育費の負担を決定するヒアリングコミッショナーの決定は，裁判官による判決と同等の効力をもつ。しかし，一般的に言えば，ヒアリングコミッショナーは限られた管轄権と判断の権限をもち，裁判官よりも地位が低いとされている。

　ネゴシエーター　DV法廷には，原告，被告から各々の希望を聞いた上で，CPOの内容を考えて，双方の合意を得るように交渉する2名のネゴシエーターがいる。女性が1名と，スペイン語も話すことができるウィリアム・オゴスト氏（男性）である。ネゴシエーターの正式名称は「ネゴシエーター弁護士（Attorney Negotiator）」といい，弁護士資格を持つ者が着任しているが，裁判所事務官と同様，裁判所に雇用されている裁判所の職員である。102号法廷入口横に調停室がある。ネゴシエーターは，執務時間中でネゴシエーションの予定がないときは，裁判所4階のDV法廷受付センターの奥にある裁判所事務官事務所で日常業務を行いながら待機している。

　裁判所事務官　DV法廷では，DV法廷書記官，法廷事務官，手続担当事務官が，法廷の事務を担当している。書記官は，ポール・ラディ氏であるが，DV法廷に係属する事件に関連する全ての事件をデータベースで検索し，訴訟日程の調整を行うとともに，裁判所事務官を統括して，訴訟の円滑な進行を進める。法廷事務官は，各々，担当の裁判官が決まっており，担当する

第5章　DV法廷の試み　77

裁判官の法廷が開廷中はその法廷内に常駐し，事務の進行を担当している。手続担当事務官は，データベースで検索されたDV事件に関連する事件記録を整理して法廷へ運搬する。書記官の事務の補助も行う。

　法廷通訳人　ワシントンD.C.では，第一審裁判所規則により，英語を話さない訴訟当事者には通訳を受ける権利がある。外国語の通訳サービス，手話サービスが提供されている。通訳サービスでは，一人の通訳人が原告，被告，裁判官全ての通訳を担当する。スペイン語がもっとも多く利用されている。

　言語通訳では，通訳人は原則として，刑事裁判では被告人の横に立つ。民事裁判では原告の横に立つが，被告も通訳サービスを必要とする場合には，裁判官の指示により，原告と被告の間に立って通訳を行う。証人尋問の際は，証言台に上がり，証人と並んで立つ。しかし，審問がいったん終了し，原告及び被告にCPO命令を手渡すまで待機が命じられているのに，通訳人が退廷してしまうときがある。実際に，通訳人が退廷してしまったので，裁判官が英語とスペイン語の両方で，命令の内容を自ら両当事者に説明している法廷もあった。

　また，手話通訳の制度も用意されている。手話通訳人は，裁判官席の前に立ち，原告，被告（人）の正面を向くようにしていた。

4．年間処理件数

　101号法廷と102号法廷で取り扱われている民事事件の年間処理件数は，1996年で802件，1997年で4,582件，1998年で4,622件，1999年で4,497件となっている。統合法廷により，多くの事件が扱われていることがわかる。内訳は，1996年で802件中，新規受理事例が496件，移送事件が306件である。1997年で4,582件中，新規受理事例が3,409件，前年からの継続事件が242件，移送事件が931件である。1998年で4,622件中，新規受理事例が3,516件，前年からの継続事件が253件，移送事件853件である。1999年で4,497件中，新規受理事例が3,481件，前年からの継続事件が174件，移送事件が842件である。

　一方，主に103号法廷と104号法廷で取り扱われている刑事事件（軽罪）の年間処理件数は，1996年で817件，1997年で4,405件，1998年で5,833件，1999年で5,312件となっている。内訳は，1996年で817件中，新規受理事件が804件，移送事件が13件である。1997年では4,405件中，新規受理事件が3,105件，

1999年の民事・刑事事件処理の内訳

民事事件

認容判決	609件
棄却	303件
取下げ	87件
合意（和解）	1,053件
却下（原告不出廷）	1,757件
被告不出頭	162件

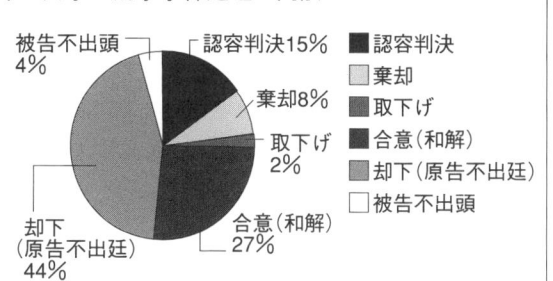

- 認容判決 15%
- 棄却 8%
- 取下げ 2%
- 合意（和解） 27%
- 却下（原告不出廷） 44%
- 被告不出頭 4%

刑事事件

公判	336件
有罪の承認	1,095件
棄却	1,903件
取下げ	697件
ワラント	384件

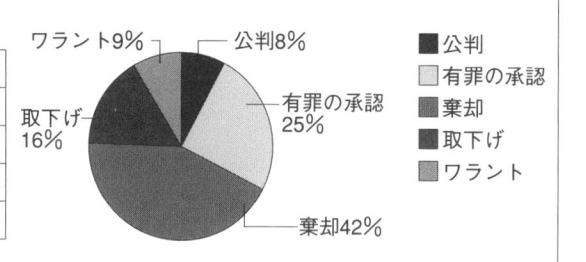

- 公判 8%
- 有罪の承認 25%
- 棄却 42%
- 取下げ 16%
- ワラント 9%

DV法廷年間件数の推移

	1996年	1997年	1998年	1999年
民事新規	496	3,409	3,516	3,481
民事継続		242	253	174
民事移送	306	931	853	842
刑事新規	804	3,105	3,617	3,045
刑事継続		571	1,400	1,435
刑事移送	13	729	816	832

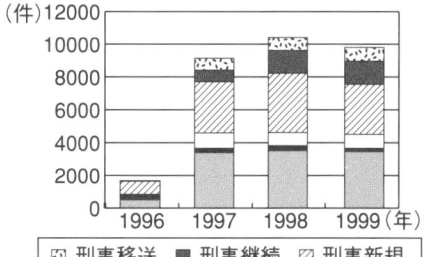

DV法廷年間取扱件数

	1996年	1997年	1998年	1999年
民事事件	802	4,582	4,622	4,497
刑事事件	817	4,405	5,833	5,312

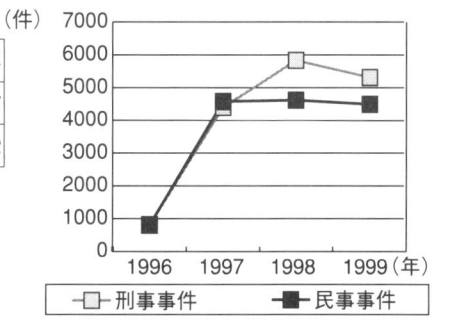

第5章　DV法廷の試み

前年からの継続事件が571件，移送事件が729件である。1998年では5,833件中，新規受理事件が3,617件，前年からの継続事件が1,400件，移送事件が816件である。1999年では5,312件中，新規受理事件が3,045件，前年からの継続事件が1,435件，移送事件が832件である。

　このように，統合法廷の開設によって，多くの事件が司法的に解決されている。これは，ワシントンD.C.において，DV事件が急増したから生じたことではなく，それまで潜在し，表に出てこなかった多くの事件に光があてられ，表面に浮上した結果である。合衆国は，人権侵害事件や紛争が生じたとき，その解決を裁判所で行うという文化をもつ「訴訟社会」として知られているが，DV事件に関してはそれが当てはまらない。DV法廷は，どうしても隠れてしまいがちなDV事件を掘り起こし，被害者女性の救済に成功したのである。そうした意味で，この数字はDV法廷の誇るべき成果を示すものといえる。

2…DV法廷の成果及び問題点

1．被害者の救済の進展

(1)　DV事件の顕在化

　DV法廷の設立以前では，被害者がDV事件を警察に通報する，または裁判所に訴えた時には，とても煩瑣な手続を経る必要があったので，被害者が訴えることにちゅうちょし，事件が立ち消えになってしまう場合が多かった。

　しかし，DV法廷では，そうした手続をできるだけ簡略化したため，被害者が容易に被害を訴え出ることができるようになった。その結果，被害が顕在化してくるようになった。さらに，DV事件には多くの刑事犯罪が含まれている。民事裁判手続と刑事裁判手続が統合されたことで，家庭内における刑事犯罪も表面化するようになった。被害者が被害を訴えることで，第三者からの支援を受けながら，DVに立ち向かおうとする気力を回復することができる。DVとの闘いでは，まず何よりもこれが大切であるから，顕在化は大きな成果といえる。

(2) ネットワーキングの進展

DV法廷の効果的な運営のためには，構想の段階から，NGOや公的機関とのネットワークの必要性が重要視されていた。実際，DV法廷を動かしていく中で，官と官，官と民のネットワークが生まれ，重層的に構築されている。とくに，DV法廷に，公的機関とNGOが集まる総合的な受付センターを設けたことが重要である。そこでは，お互いに自分の役割を自覚し，他のNGOや公的機関と相互に助けあおうとしている。この運営は大いに学ぶことがあろう。

こうしたネットワークは被害者に対する法的支援でも，社会的支援においても活用されている。

(3) 迅速で効果的な「安・簡・早」化

救済を「安・簡・早」に，すなわち「安く」，「簡易な手続で」，「早く」提供するという視点は随所に表れている。

TPO（一時保護命令）によって，安く，簡単で，早い救済への入口が確保されている。被害者の救済のために，CPO（民事保護命令）は有効な盾であり，これにより被害者は加害者の暴力や脅迫，ストーカー行為から守られている。これに至る仮処分の性格をもつTPOがあることで，迅速で適切な救済の仕組みが機能している。

さらに，合衆国の司法は，迅速で効果的な救済（Remedy）という基本精神を柱にしているが，この精神が生きている。安価または無料の法的支援の提供，被害者が受付センターに行ったときに心が落ち着けるような対応，被害者の立ち直りにむけて粘り強く待つ支援，手続書類の簡素化による被害者への負担の軽減，被害者が同じ陳述を繰り返さなくても済むような方策，迅速な手続の日程の設定などが図られている。手続の負担を減らすことによって，被害者がより早く被害から回復でき，エンパワーメントできるようになる。

このように，裁判所が仕組みを整えることによって，裁判所全体で被害者を支援している姿勢をもっている。

2．克服された法的問題点

DV法廷はこれまでにない新しい発想であるので，さまざまな問題を調整し，克服していかなければならなかった。この点では，ワシントンD.C.の

司法関係者が課題の重要性を理解して，裁判官，裁判所職員，検察官，弁護士等の法律家による内部改革として検討されたことが大きなポイントになっている。司法制度改革の過去の先例や古い法律の壁を，法律の専門家としてひとつひとつ克服していった過程とその内容には感銘を受ける。これについての法律学的な詳細の検討をここで行う余裕がない。合衆国内の研究にあわせて別の機会に公表することとして，ここでは概略を説明しておきたい。

(1) 民事裁判と刑事裁判の統合

先にも述べたが，合衆国の司法の基本は，救済（Remedy）と法の支配（Rule of Law）である。合衆国司法制度における民事裁判，刑事裁判の垣根は低い。とはいえ，司法の複雑化，技術化，高度化にともない，民事裁判と刑事裁判が別個のもののように扱われる傾向にあることは否定できない。それだけに，そうした「法の支配」原則の現状を刷新して民事裁判の手続と刑事裁判の手続を統合しようとする試みは，従来の裁判手法に慣れた関係者にとっては衝撃的であった。新制度の立ち上げにふみきった司法関係者の決意の強さがうかがえる。DV法廷の設立は，もともと裁判所の自己改革に発していることが特筆されるべきである。

家族内犯罪法には，CPO違反に対する刑事制裁も含まれている。もう一歩進めて，被害者側に寄り添い，被害者を救済するために，民事裁判，刑事裁判の手続を動員する。それだけではなく，裁判所による救済の大原則である「公正な手続」にも最大限に配慮し，被害者と加害者に中立的な立場で支援を提供する「ネゴシエーター」も創設した。ここに見えるのは，裁判所がDV問題に取り組む真剣な姿勢である。こうした体制を作り上げた関係者の真摯な努力は高く評価されるべきであろう。

なお，DV法廷に関する法律学的研究は，唯一，ジョージタウン大学ローセンター助教授のデボラ・エプスタイン教授によって行われている。同教授は，人権を侵害された被害者の問題を解決できなかった司法制度を見直すことで，被害者を救済するとともに，加害者にも公正な手続が保障されることを目的とした統合法廷の展望を示す理論を提供した。今後，これを補強する新しい法理論の構築が注目される。

(2) 情報の集中

これまでバラバラであった手続を統合したことによる直接の効果は，情報

の集中・共有である。DV法廷の裁判官は，審理の際に，一つのDV事件に関連する全ての訴訟記録を閲覧することができる。すなわち，加害者の犯罪歴，CPO裁定及び違反の有無だけでなく，同時に進行している民事事件，刑事事件で認定された証拠とCPOや刑事罰の内容を知ることができる。

　これによって，①民事裁判で判断されるCPOと刑事裁判で判断される刑事罰の矛盾が生じないため，被害者が異なる判決に混乱することがない。たとえば，面接交渉権についての民事命令と刑事命令の矛盾が防止できる。②被害者は，何度も繰り返し被害の実態や暴力の背景について法廷で述べなくてもよいため，被害者の負担が最小限になる，という利点が生まれた。こうした情報の集中を確保するためにも日程の調整が図られる。

(3)　日程の調整

　DV法廷の裁判所事務官は，「一つの家族に一人の裁判官」を合言葉に，なるべく一人の裁判官が加害者，被害者の暴力の関係を把握できるように，民事裁判と刑事裁判の裁判官を同一にするよう試みている。実際には，DV法廷に持ち込まれる事件が多いので，裁判官の負担を均等にしようとしながら事件を割りふると，民事裁判と刑事裁判について担当の裁判官がずれてしまい[10]，一人の裁判官が一つの事件について民事裁判手続も刑事裁判手続も行うことが困難になる[11]。そこで，DV法廷では，民事裁判手続におけるCPO裁定のための審問（事件発生後，DV法廷受付センターへ行き，一時保護命令TPOを得てから14日以内）と刑事裁判手続における審問（ステータスヒアリング）を同じ日に設定して，被害者の負担を軽減する。さらに，その後の審問においても，なるべく民事裁判と刑事裁判が同日になるように調整している。

3．証拠の共有

　DV事件の情報が共有されても，必ずしもそれが証拠として共有されるというわけではない。というのは，アメリカ法においても，刑事事件と民事事件の証拠採用基準は異なるからである。刑事事件では「合理的疑いの余地のない」証拠が要求され，民事事件のCPO裁判では「十分な理由」，すなわち50％程度信用できれば，証拠として認められる。刑事の方がより厳しいのは通常の裁判と同じである。したがって，刑事手続が最初に完了し，裁判で有

罪の判決が出れば，CPOはほとんど自動的に裁定されるが，民事裁判でDVが事実として認定され，CPOが裁定されたとしても，刑事裁判ではDVが事実として認められず，加害者は無罪となり，検察が敗訴する事件も少なくない。

4．他の法廷との管轄の調整

DV法廷は，ワシントンD.C.第一審裁判所の刑事部と家事部家族関係担当の一部を統合させたものである。したがって，それ以外の問題点がある事件では，他の法廷との間で管轄を調整しなければならない。主要なものは次の通りである。

(1) 離婚事例

DVが含まれる離婚事例は，DV法廷で扱うことができるが，単なる離婚事例は家事部の別の担当で扱う。事例によって異なるが，離婚事例にはDVが含まれていることが多い。通常の離婚裁判でDVが発見されると，事例はDV法廷に移送される。しかし，DV法廷は他に緊急事例が多いので，DV法廷の裁判官は「単なる離婚は家事部の別の担当で扱うものである」と主張し，事件を移送してしまうことが多い。

(2) 児童虐待

児童虐待を含むDV事件も多い。一般的に言うと，80％程度の児童虐待にDVが含まれている。虐待は，長期間被害が続き，解決はゆっくり進行する性質をもつ。したがって，児童虐待には特有の法的，社会的，精神的問題が含まれるため，被害者に対する特別の対応が必要になる。

児童虐待は，「虐待放任防止法」によって，家事部虐待放任担当で裁判が行われる。子どもの虐待が発見されたときは，検察官が児童虐待で親を訴追することになる。

理論的には，児童虐待もDV法廷で扱えないことはないが，児童虐待とDVでは救済の内容が異なるため，児童虐待をDV法廷では扱わない。というのも，CPOの主な内容は加害者に対する接近禁止命令であり，子どもにそれをあてはめると，育てる人がいなくなることがあるからである。子どもの年齢が高い場合は自立して生活することが可能であり，CPOによる救済

は有効であろうから，CPOを求めることが認められる。年齢が低い場合は，子どもには養親などが必要になるため，そうしたことが決定できる虐待放任担当で事例を扱うことになる。何歳以上はCPO，と機械的に年齢で区分しているのではない。

他方，祖父母がいる場合には，孫の両親による児童虐待を家族内犯罪事件として訴えを起こし，CPOを求めることはできる。

(3) 連邦裁判所との関係

銃器所持の欠格条項（Firearm Disability Provision）違反のDV事件[12]や州際事件[13]など，連邦の権限が認められているものについては，連邦裁判所に移送される。ワシントンD.C.の場合は，連邦の検察官がワシントンD.C.法の刑事事件を担当する構造になっているので，この間の調整は比較的円滑にできる。

5．マイノリティの権利の確保

(1) 同性愛者

合衆国でも，元来，女性差別撤廃運動における同性愛者に対する取組は遅れがちであったが，ワシントンD.C.での取組は早かった。ワシントンD.C.では，同性愛者のコミュニティーが大きく，DVへの取組において早くから，同性愛者間で発生する事件も視野に入れていた。

DV法廷では，事件を扱う際に，加害者と被害者の性別は問題がない。同性間であっても，「ロマンティックな関係」にある者や以前にそういう関係であった者の間で事件が発生したならば，当然ながらDV法廷の事件に含まれる。したがって，裁判所で，性的指向により差別を受けることはない。また，DV被害者を支援する人々も，男性同士や女性同士のカップルという性的指向によって，異性愛のカップルと異なる扱いはしない，ということであった。ただし，男性の同性愛者を受け入れるシェルターはほとんどないので，加害者から身を隠すことは女性の被害者よりも困難である。

(2) 外国人

DV法廷では，外国人市民が差別されないように配慮されている。最も大きなサービスは，法廷通訳の配備である。第一審裁判所規則により，ワシン

トンD.C.における裁判では，通訳が必要な当事者は法廷通訳人の提供を受ける権利がある。また，TPOやCPO命令がスペイン語で書かれることもある。

しかし，外国人は裁判に対する意識や固有の文化により，裁判所へ訴えること自体に消極的になる場合が多いという認識はあるものの，裁判所へ訴えることを促進するような取組はとくになされていない。多言語による啓発などにもっと力をいれるべきであると見ているNGO関係者もいる。

スペイン語による啓発誌

外国人，とくに移民が，裁判所に事件を訴えることにより，ただちに在留資格が問題になることはない。しかし，離婚すれば在留資格に影響を与えることもある。女性に対する暴力防止法（VAWA）の改正[14]により，その影響は小さくなったものの，この点はしばしば忘れられがちである。裁判所もDV被害者支援者もこれへの配慮が必要という認識は持っているが，実態はあまり改善されていない。

さらに，外国人に対するDV事件が離婚訴訟に発展することもある。その場合には，当事者の本国法準拠という問題点もあるので，DV法廷としてはCPOに限って判決を行う。

(3) 精神障害

何回も来るリピーター，PTSDを持つ人，もともとの精神障害者，いろいろな人がDVに関する支援を求めて駆け込んでくる。

リピーターの問題というのは，CPOを得たのに，夫など加害者のいる家に帰って，また被害にあってまた相談に来る，後戻りしたり前に進んだりする人のことであり，相当に多い。リピーターの中には，精神的な障害を持った人もいる。支援者も精神障害者の自立支援という視点を持つ必要がある。また，リピーターに近いものとして，同じ訴えをもって繰り返し支援を求めたり，複数のNGOや機関を渡り歩いたりする人がいる。こうした人に対しては，リピーターのように被害が繰り返されているのではないから，本人の希望に対する法的支援を進めるだけという関係者もいるが，カウンセリングが必要で，その専門組織を紹介するという関係者も多い。

いずれにせよ，精神にダメージをもったものが支援を求めて来ることは，ごく普通に起きることとして認識されている。DV事件の場合，事件の被害として心理的に傷ついている者は多く，こうした人々に対するきめ細かな配慮が心がけられている。

第6章 関連機関の連携

1…DV法廷関連機関（民事）

　ワシントンD.C.のドメスティック・バイオレンス法廷（DV法廷）は，それだけが単独では機能しない。周囲にある多くの関連機関やNGOとの連携の中で効果を発揮しているのである。この点を見極め，裁判所を含む官と官・官と民のネットワークを理解することが，ワシントンD.C.現地における調査の最大の目的の一つである。まず，民事裁判関係では次のような機関がある。

1．DV法廷受付センター

　DV法廷受付センター（Domestic Violence Intake Center）は，第一審裁判所の建物内部にあり，DV事件による救済を求める被害者のために設けられた民間のクリアリングハウスである。運営責任者はワシントンD.C.政府公設弁護士事務所（OCC）DV係チーフ弁護士であるサルマ・ブラウン氏とNGOの「ウィーブ（WEAVE）」代表であるリディア・ワッツ氏である。関係者はこのセンターを「一つのショッピングセンター」と呼んでいる。さまざまな支援が用意されている一ヶ所の受付センターで，被害者が必要な支援を手に入れられる体制を整えているからである。
　DVへの対応には，受付センターがどのように機能するかが決定的に重要である。その点では，このセンターはすばらしい。筆者は調査のために通っ

て実態を確認したが，その間にも多くの被害者が来訪していた。打ちのめされている者，怒っている者，混乱して泣き出す者，目のまわりにあざがある者もいた。多くの被害者が落ち着きを取り戻し，このセンターを出て法廷での審問に臨む決意を固めている。このことを確認するように，心からの謝意を述べて去っていった例を何回も見かけた。

(1) 受付センターの概要

　DV法廷受付センターは，第一審裁判所4階の一室に置かれている。裁判所中央のエスカレーターを上がると，右側の突き当たりに「Domestic Violence Intake Center」と大きく書かれた標識がある。その前には，保安官がいて，来訪する人を鋭い視線で警備している。受付センターのドアには鍵がかかっている。呼鈴を押して内側から開けてもらう。ドアの上部には，防犯カメラが設置されていて，中からドアの外の様子が確認できる。こうした設備や人の配置が，怯えている被害者には「安全で守られている空間」という安心感を与える。なお，裁判所内へのカメラの持ち込みは禁止されているので，建物内のこのセンターでも，写真を撮ることはできない。

　受付センターのドアを開けると，イヤホンマイクをつけた受付係がにこやかに「こんにちは！　どうしましたか？」といって迎えてくれる。イヤホンマイクは，電話応対用のもので，受付係は窓口の応対と途切れることなくかかってくる電話の応対をてきぱきとこなし，休む暇もない。

　アメリカといえば，広く，スペースに余裕がある事務所を想像するが，受付センターは例外である。面接用のテーブル，いす，事務用パソコンなどがところ狭しと並び，スタッフや面接者が常に出入りしているためか，さらに狭く感じる。壁には，このセンター内にある各NGOや一般的なDV問題啓発用のポスターが一面に張られている。子どもが遊ぶためのおもちゃやぬいぐるみがある待合室だけが，和やかな雰囲気をもっている。

　受付センターにいるスタッフのほとんどが女性である。筆者は何度かセンターを訪問したが，1人の警察官以外には，男性に出会うことはなかった。彼女たちの年齢は20歳代から40歳代である。若いスタッフからは使命感に燃えて活動している熱気が伝わってくる。経験豊富なスタッフは落ち着いて的確に問題に対応している。スタッフの約3分の2がアフリカ系アメリカ人であり，ボランティアは全員白人であった。彼女たちは，落ち込んでいる被害者を見ると，真っ先に「大丈夫？」と声をかけている。

受付時間は，平日は 8 時30分（月曜日のみ 8 時）から15時30分までで，時間外及び休祝日は，留守番電話での対応となっている。

DV被害者にはさまざまな領域にわたる支援が必要なため，「一つのショッピングセンター」となっている受付センターには，実際，支援を提供するさまざまな組織の事務所が置かれている。すなわち，①NGOの「緊急家族関係プロジェクト（Emergency Domestic Relationship Project＝（EDRP）」，②同じくNGOの「ワシントンD.C.ドメスティック・バイオレンス・コアリション（District of Columbia Coalition Against Domestic Violence＝（コアリション）」，③「ワシントンD.C.公設弁護士事務所（Office of Corporation Counsel Domestic Violence Unit）＝OCC）」，④ワシントンD.C.首都警察受付センター駐在所である。⑤合衆国検察局被害者証言支援係も受付センターに事務所を持っている。また，受付センターのドア続きの隣室には，裁判所事務官事務所がある。受付から法廷での審判までの手続が円滑に進むように考慮された配置であり，有効な救済を迅速に提供しようという考えがよく表れている。

(2) 受付センターの機能

受付センターでは，DV被害者へのさまざまな支援を行う。加害者に対する対応は行わない。被害者の性別，年齢は問わない。しかし，受付センターでの筆者の聞き取りによると，家族間の人間関係をコントロールし，強者の側に立って暴力をふるうのはほとんど男性であるから，被害者が女性であることが圧倒的多数なため，女性を支援する事例がほとんどである。

被害者は，センターを訪れると最初にセンターの受付係と話をする。受付係が被害者からの聞き取りをもとに事例を要約し，センター職員用の受付用紙に記入する。さらに，被害者は，DVそのものとDV法廷を解説する 2 冊の小冊子を受け取って待合室に行き，被害者面接受付用紙に記入しながら，必要と思われる組織であるEDRP，法律支援を提供するボランティア，コアリションによる面接を待つ。重大な犯罪と思

受付センターで配布される小冊子
（前）「あなたの権利を知ろう」
（後）「DVについて理解するために」

われる事件の場合は，被害者はただちに検察官とも面接をする。

　被害者は，受付センター内の丸テーブルや受付センターの一角にあるEDRPの事務所で面接を受け，民事的救済を得ることができるかどうかについて知識を得る。面接時間は，事例によって異なるものの，概ね30分くらいである。

　DV法廷受付センターの受付件数の推移は，1997年には4,296件，1998年には4,740件，1999年には4,927件となっている。開設するとただちに多くの被害者が駆け込んできたのであり，こうした施設とサービスがいかに待ち望まれていたかがわかる。なお，1999年の受付件数の内，298件はDV法廷受付センターの範囲外のものである。

　このうち，1999年を見ると，男性が972件，女性が3,955件であり，女性の被害者の方が圧倒的に多数であることがわかる。また，ほとんどの女性の被害者は，夫，前の夫，恋人，以前の恋人の男性から暴力をうけて，センターにやってくる。一方，男性からの1,000件弱の申立は，家族間の暴力といっても性質が相当に異なり，高齢の男性が自分の子どもから暴力を受ける事件が目立つ。また，18歳以下からの申立が138件，55歳以上の申立が270件となっている。

　すなわち，一日あたりでは，受付センターに男女比1対4の割合で，30～40名の被害者が保護を求めて訪れていることになる。この他に，電話による相談件数は年間12,800件にのぼる。

2．受付センター内のNGO・諸機関によるサービス

　受付センター内にある各NGOや機関の支援内容について簡単に説明しよう。ここでは，EDRP，コアリション，OCC，警察，合衆国検察局被害者証言支援係を取り上げる。

　NGOの，EDRP（緊急家族関係プロジェクト）は，被害者が求めるCPOやTPOの裁定手続を進行させられるように支援を行う。また，警察から得た情報や受付事例の情報をもとに，多数あるその日のTPO審問に関する，法律的な支援を必要とするものの優先順位を決める。

　同じくNGOのコアリション（ワシントンD.C.ドメスティック・バイオレンス・コアリション）も，被害者に対する社会的支援を行う。たとえば，シェルターの紹介，生活費の支給，カウンセリングセンターの紹介等をコーデ

ィネートする。

　OCCはワシントンD.C.政府が雇用した弁護士事務所であり，被害の深刻な事例及び子どもの虐待が含まれる事例で，CPOの請求を，被害者または子どもの代理人として行う。もちろん，費用は無料である。

　ワシントンD.C.首都警察受付センター駐在所は，受付センターの警備にあたるとともに，ワシントンD.C.内にある他の警察署から寄せられる情報の収集を行う。また，被害者が事件を警察に通報していない場合には，被害を聞きとり，レポートを作成する。筆者の聞き取り調査によると，警察官が受付センターにいることで，被害者が安心して，精神的に落ち着いて手続を遂行できる，というメリットも大きい。

　合衆国検察局被害者証言支援係は刑事裁判に関する支援を行う。

　警察及び検察局の機関については，次章で紹介する。

(1) EDRP（緊急家族関係プロジェクト）

　EDRPは，1978年に，女性に対する法的平等を求める「女性の法的保護基金（Women's Legal Defense Fund）」によって設立されたNGOである。1991年にワシントンD.C.の中心地にあるジョージタウン大学ローセンター・ドメスティック・バイオレンス・クリニックに事務所を移し，さらに2000年9月からはNGOの「ウィーブ（WEAVE）」に移転して，プログラムを運営している。受付センターの運営者がウィーブの代表であるのは，EDRPがウィーブに基盤を置いているからである。

　職員は2名であるが，事務局長のミッシェル・トーマス氏を中心に，被害者へのCPOに関する法律的な支援を提供している。

　被害者との面接，民事裁判手続の説明　　EDRPはまず，被害者から事件の内容，背景について聞き出す。次いで，被害者の安全を確保するための方策について，検討する。そのためには，民事裁判を起こし，将来にわたる民事保護命令（CPO）を得ることが最も有効であるので，被害者にCPOやとりあえずの安全を確保する一時保護命令（TPO）を得るための裁判手続を説明して，被害者がTPOやCPOの内容や役割を納得できるようにする。さらに，法廷内で裁判官に何を聞かれるか，それに対してどのように答えたらよいか，といった訴訟技術的なことも説明する。TPOやCPOの手続のほとんどは，弁護士が代理をしない本人訴訟で行われるからである。

　被害者を代理する法律家の紹介　　DV事件が込み入っている場合，また

被害の程度が重大な場合には，被害者は弁護士の代理を受けた方がよい。そうした事件について，EDRPは，無料や低料金で利用できる法律支援組織を被害者に紹介する。

たとえば，OCC（ワシントンD.C.公設弁護士事務所），ジョージタウン大学ローセンターDVクリニック，移民女性に関する支援を提供するアユーダ等である。

優先順位表の作成　EDRPは，TPO審問に関する順番を決める「優先順位表」を作成する仕事も行っている。優先順位表とは，DV事例の性質，加害者の前科・前歴，被害者の事情などを考慮した上で，緊急性の高い事例を先に裁判するために作成する訴訟日程表である。これは，前日に発生したDV事件の内容，加害者・被害者の名前のリストを基に作成される。リストは，当日の朝にワシントンD.C.首都警察の全ての警察署からFAXで送信されてくる。

検察との情報交換　EDRPは，被害者に対するCPOに関する支援を行う団体なので，DV事件の刑事手続に直接関与することはない。しかし，被害者に関する情報を検察に報告することがある。

携帯電話貸出サービス　被害者が自宅から逃れ出てきた場合，電話を持っていないことが多い。しかし，CPOの審問日程等の連絡のために電話は必要であるため，TPO審問日から次回のCPO審問日までの2週間を限度に，身分証明書の提示を求めた上で，携帯電話を貸し出す支援も提供している。

(2) コアリション
（ワシントンD.C.ドメスティック・バイオレンス・コアリション）

コアリションは，ワシントンD.C.内にあるDV問題に取り組むNGOが集まって構成された連合体である。コアリションの一つのプログラムとして，「DV被害者支援プログラム」を展開しており，DV法廷受付センターの一角に事務所をかまえている。ここでは，受付センターにおけるコアリションの職務について述べ，コアリション全体については後述とする。

職員は，ヘレン・ホール氏を中心に3名おり，この他に10～15人のボランティアがいる。ボランティアは，社会福祉，公共政策，心理学，女性学などを専攻している学生が多く，ロースクールの学生はあまりいない。

法廷内サービス　被害者は，DV事件発生当日かその翌日に出廷するため，精神的に不安定な場合が多い。そこで，そうした被害者の精神的な不安

を和らげるために，法廷内で常に被害者に付き添うサービスを提供している。
　また，被害者が審問日に法廷に出廷しなかった場合には，その理由を尋ねるため被害者と連絡をとって対応する。被害者はその計画を参考にしながら，CPO審問日までの安全を確保する。

　安全確保計画の作成　　被害者がどのように行動すればより安全が確保されるかを被害者とともに考え，計画を作成する。

　社会サービスの紹介　　衣食住と精神的なケアが必要な被害者に対して，それぞれの領域で支援を行っている他のNGOの中から，被害者が必要とし，かつ提供できるものを選択し，被害者に紹介する。さらに，就職支援や生活保護が必要な場合には，そうした手続に関しても支援する。DV被害者の子どもなど，家族に対する支援も行う。

　こうした社会的支援には，コアリションに所属する関連組織，すなわちDV被害にあった女性や子どもへのさまざまなサービスを提供している地域の各機関を最大限に活用する。その際には，被害者の社会的，文化的背景を尊重し，ニーズにあったサポートを行うよう配慮している。とくに，移民女性については，必要な書類や証明書の扱い方を詳しく説明する[15]。

　ボランティア研修　　DV法廷受付センターでコアリションのボランティアを希望する人に対する研修プログラムを持っている。40時間のクラスと，2週間60時間のクラスがある。DVの力学，TPO事例の扱い方，移民問題，法律的問題などを教える。

　SOSセンターの設立　　1997年に，シェルター「姉妹の場所」と共同で，DV被害者のための長期的なカウンセリングを提供する「SOSセンター（Supporting Our Survivors Center）」を設立し，今日まで運営している。

　警察の監視活動　　ワシントンD.C.では，必須的逮捕法があるにもかかわらず，警察が出動しないことが問題となっている。警察は事例を積極的に扱うことが基本の責務であるのに，警察が加害者そのものであったり，被害者をぞんざいに扱ったり，被害者が「助けを求めたのに誰も助けてくれなかった」と訴えることもある。こうした状況を被害者や弁護士から聞き出し，実態を把握して，警察に対するモニタリングを行っている。

(3)　ワシントンD.C.公設弁護士事務所
　　　ドメスティック・バイオレンス係（OCC・DV係）

　OCCとは，ワシントンD.C.政府が雇用している弁護士の事務所である。

OCCはワシントンD.C.市庁舎の中に本部があり，300人以上の弁護士が所属している。OCC・DV係は，DV被害者の利便を図るために特設された係であり，第一審裁判所にある受付センター内に事務所を持っている。

OCC・DV係は，チーフ弁護士でDV法廷受付センター共同運営者のサルマ・ブラウン氏，弁護士のクリスティン・ハンセン氏等，DV事例を扱う3名の弁護士（全員女性）と子どもの養育費及びDV事例を扱う弁護士1名（男性）がいる。インターンは現在1名である。それぞれの弁護士は，新規事例を週に8～12件担当する。また，毎日法廷で約10件を担当している。利用料は無料である。

DV法廷に関するOCCの被害者支援　OCCは，DV法廷受付センターに来訪したDV被害者の民事裁判に関する代理を行う。OCCでは独自の受付システムをもっており，深刻な被害で法律的な論点が多い事例，例えば凶器の使用，加害者が警察官，性犯罪，妊娠しているなどの場合を優先させて担当している。担当事例が決まると，弁護士が被害者に電話をして，代理について基本的な事項を話す。多くの被害者は，OCCは政府の弁護士で，刑事事件を扱うものだと誤解しているので，民事裁判手続及びOCC弁護士の代理方法について説明する。被害者には代理を受けるかどうかの選択権があり，多くの被害者が代理を依頼するが，断る場合もある。

被害者が代理を依頼すると，受付センター内のOCC事務所やDV法廷前の廊下で面接を行い，被害の詳細，子どもに関する事項，暴力の経緯を聞く。さらに，子どもの一時的監護権や刑事事件に関する情報を依頼人に提供する。

OCCもジョージタウン大学ローセンターDVクリニックといったロースクールの学生も被害者個人を代理する点では同じ役割を持っている[16]が，異なる点は，OCC弁護士の方が多くの事例を，また深刻な事例を担当していることである。

検察官とは，CPO裁定について，また検察の刑事手続について，互いに事件の情報を交換し，協力しあう。

2 … DV法廷関連機関（刑事）

１．合衆国検察局性犯罪DV課

性犯罪DV課チーフ検察官スパグノレティ氏

ワシントンD.C.で発生したDVの刑事事件は，すべて連邦の機関である合衆国検察局性犯罪DV課 (Department of Justice, U.S. Attorney's Office Sex Offense and Domestic Violence Section)[17]が取り扱う。ワシントンD.C.は独自の検察制度を持たないためである。

合衆国検察局は，ワシントンD.C.第一審裁判所から徒歩10分の，官庁街からはやや離れた建物「Judiciary Center庁舎」にある。性犯罪DV課はその４階に置かれている。庁舎の入口で行き先を告げて身分証明書を提示し，認証を受けて名札をもらう。それを胸に貼り，X線を通って入る。エレベーターで４階に上がり，訪問者受付用紙を記入して受付係に手渡し，しばらく待機すると，約束の相手がドアから現れる。それぞれの事務所に通じるドアはカード式の鍵で，中から施錠されている。検察官や職員のみ，各々の身分証明書で鍵をあけることができる。このように，セキュリティチェックは裁判所よりも厳しい。

(1) 概要

性犯罪DV課設立以前では，DV事件を専門に扱う検察官がいなかったので，すべての検察官は家庭内で発生する暴力事件を担当していた。しかし，それを「DV」の犯罪として把握する検察官はほとんどいなかった。DV事件は，麻薬や売春，暴行，殺人といった地域の犯罪の中に隠れていた。したがって，検察官はDV特有の問題に関する理解に乏しく，研修を受ける機会もなかったので，本当のDV被害を把握することができず，起訴しても，裁判官や陪審員を説得することができずに敗訴する場合が多かった。

そこで，検察内部から，民間の被害者支援活動だけでなく，検察としてもDVを被害者救済及び家族・コミュニティーの改善の問題として本格的に取り組むべきであるという声があがった[18]。そして，1995年に合衆国検察局

ワシントンD.C.第一審裁判所部内にDV課を設立する計画が立ち上がり，1996年4月に創設された。

正式名称は，「連邦司法省合衆国検察局ワシントンD.C.第一審裁判所部性犯罪DV課」という。第一審裁判所部には，その他に，「軽罪課」，「大陪審受付課」，「重罪課」，「殺人事件課」，「地域内主要犯罪公判課」がある。

性犯罪DV課で扱う犯罪は，加害者が18歳以上である，①レイプ，子どもに対する淫行を含む性犯罪に関する全ての重罪事件及び軽罪事件，②児童への身体的虐待，③DV，である。これらの犯罪には，不法侵入，誘拐，強盗，ストーキング，凶器の使用に関連する犯罪がともなうこともある。被害者の年齢は問わない。加害者が18歳未満の場合は，未成年者の犯罪となるため，検察局の管轄ではなく，ワシントンD.C.政府公設弁護士事務所のOCCが事件を担当する。

性犯罪DV課には，「性犯罪担当（Sex Offense Unit）」と「DV犯罪担当（Domestic Violence Unit）」がある。性犯罪担当は，一般的にレイプなどの重罪の性犯罪事件を扱っている。DV犯罪担当は，配偶者及びパートナー間での暴力，家族内児童虐待，財産の侵害を含む高齢者虐待を扱っている。

検察官の数は，合衆国検察局全体では300名，男女比は半々である。性犯罪DV課では，男性12名，女性14名，合計26名の検察官が従事している。性や人種に関するアファーマティブアクションは採用していない。チーフ検察官は，ロバート・J・スパグノレティ氏である。

事件数は，性犯罪が年間約400件である。DV事件（軽罪）は，起訴したものが年間約5,000件，不起訴となる事件も含めると年間約8,000件を取り扱っている。重罪事件は年間20〜25件である。検察官一人当たりの担当件数は，年間200件である。

(2) 公判手続

性犯罪DV課の検察官は，捜査，起訴過程から，公判，有罪の取引，判決言渡しまで，全ての公判手続を通じて，一つの事件を一人の検察官が担当する。被害者との面接もその者が行う。

DV事件発生時，刑事手続の開始のためには，被害者は警察に通報しなければならない。事件発生時に通報しなかった場合は，事後に被害届を提出する。警察は，1991年に制定された「必須的逮捕法」によって，DV事件の通報を受けた場合には必ず加害者を逮捕し，レポートを作成する義務がある。

加害者は，名前，生年月日等を聴取され，指紋を採取され，本人確認を受ける。そして，通常は逮捕された翌朝に，第一審裁判所の通称「C-10」と呼ばれる法廷で，裁判官の面前で本人確認を行い，拘置所へ勾留するか釈放するかが決定され，次回の訴訟日程を言い渡される。しかし，93％の加害者が釈放される。釈放の場合は，裁判官は刑事接近禁止命令を被告人に言い渡す。多くの事件では，この5日後に，罪状認否手続が行われる。
　被告人が有罪の取引に応じて有罪の承認を行い，検察官と合意した場合，または裁判官の判決言渡しにより有罪判決が下された場合には，被告人は刑事罰に服する。

(3) DV事件の刑事罰

　DV事件の刑事罰には，刑事接近禁止命令，懲役，ワークリリース，罰金，保護観察，DVカウンセリング，親業カウンセリング，麻薬・アルコールカウンセリング，社会奉仕活動がある。刑事罰は2つ以上課される。刑事罰の内容は以下の通りである。

　刑事接近禁止命令　刑事接近禁止命令とは，被害者との面会だけでなく，あらゆる手段での連絡を禁止する命令である。例えば，被害者とその住居，職場，車，子どもの学校から100フィート以内に近づいてはならないこと，電話，手紙などで直接連絡してはならないこと，というものである。期間は平均3ヶ月である。

　懲役　懲役刑の期間は，軽罪事件では30～60日間，重罪事件では4年以上となり，5～10年が平均的である。殺人等の最も重い事件では，20年以上の懲役刑となり終身刑もある。仮釈放される場合もある。

　ワークリリース　懲役刑の一種であるが，仕事のために刑務所外にでる刑である。例えば，金曜日の午後7時から月曜日の午前6時までは刑務所で刑に服し，それ以外の平日は保護観察下で仕事をする，というものである。

　罰金　軽罪では1,000ドル以上，重罪では2,500ドル以上である。しかし，聞き取り調査によると，被告人は経済力がない場合が多く，裁判官はほとんど罰金刑を下さないという。

　保護観察　保護観察監督官により，保護観察を受ける。期間は概ね2年間であり，この間は，週1回程度，保護観察監督官にレポートを提出しなければならない。

　カウンセリング　DVカウンセリング，親業カウンセリング，麻薬・ア

ルコールカウンセリングがある。カウンセリングとはいえ，刑事罰の一種であるので，受講しなければ新たに刑事罰に問われる。

社会奉仕活動　検察局の公共社会奉仕活動事務所が管轄している。被告人が地域に復帰して受け入れられるために，道路の清掃，ホームレスのためのシェルターや食料サービスでボランティアを行う。期間は事例によって異なるが，概ね40時間ないし100時間従事する。

(4) 検察官に対する研修

性犯罪DV課の検察官は，法律家として事件処理改善の研修及びDV事件処理改善の研修の2つを受ける。DV事件処理の研修では，必要な証拠，DVの力学，DV法廷，民事司法制度，子どもの監護権等を扱う。検察官は，刑事と民事司法手続の統合法廷であるDV法廷で事件を担当するため，民事司法手続についても知る必要がある。地域内のDV問題への取組に経験豊富なNGOや支援者に講師を依頼して研修を行っている。

2．合衆国検察局被害者証言支援係

合衆国検察局被害者証言支援係（Department of Justice, U.S. Attorney's Office Victim Witness Assistance Unit）では，性犯罪DV課が扱う事件に関する被害者及び証人を支援する。この支援は，法的な知識の提供，公判に臨む心構え等だけでなく，さらに，被害者や証人の受けた心理的なダメージの回

被害者証言支援係係長チェイス氏

復，自立した生活の再建にまで及ぶ，大変にユニークなものである。支援を受ける人の85％が女性で，これまでの事例から見ると，年齢は16歳から86歳までと幅広いが，18歳から35歳での年齢層が最も多く，加害者と共通の子どもがいる場合が多い。1年間には，9,600件の新規事例を扱う。継続事例は700～800件である。

被害者証言支援係は，検察局内とDV法廷受付センター内に事務所を持っている。検察局内の事務所は，Judiciary Center庁舎の4階に置かれているが，その利便性を考えて，被害者が最も頻繁に来訪する受付センター内にも事務

所を設けている。受付センターの事務所には，最も忙しい月曜日は2人，火曜日から土曜日は1人がローテーションで勤務している。

係には5名の職員がおり，4名が女性，1名が男性である。3名が白人，2名がアフリカ系アメリカ人である。また，2名がソーシャルワークの修士号を持っており，2名が大学で刑法学を専攻していた。職員はいずれも検察官ではなく，弁護士資格ももたないが，訓練を受けて，法律的な支援を提供することが可能な「パラリーガル」の資格をもっている。こうした職員が，一人ひとりの被害者や証人に対して，親身になって相談に応じ，アドバイスを行い，必要な手続を支援しているのである。係長はロレイン・チェイス氏である。

(1) 被害者，証人との接触，受付

DV事件で被害者の通報により加害者が逮捕されたとき，または被害者が通報していないが，加害者の処罰を望んでいるとき，被害者は被害者証言支援係を訪れる。

係は，被害者に対して，刑事手続の一般的な情報を提供する。ポラロイドカメラで被害者の被害状況の写真をとる。さらに，検察官に事件の概要と被害者が加害者に対して望んでいることを伝える。事件の証人を探して証言を得ることもある。

これらの過程を通じて，係が得た事件に関する情報を警察は持っていないことがある。被害者や証人の多くは，加害者が接触してくることをおそれて，警察では全ての被害を話したがらない。そこで，被害者が警察に通報していない場合は，受付センター内に駐在している警察官に連絡し，警察は事件に関するレポートを作成する。

(2) DV法廷における被害者支援

被害者本人または関係者は，事件発生後，検察局に来たとき，とても混乱した危機状態にあり，生命，財産の危険を抱えている。これを克服するために被害者証言支援係は，支援を提供している。

危険調査及び短期カウンセリング 被害者は，暴力にさらされて生活してきたことによって，自分の言葉，自分のスキル，自分への信頼，適切な判断力を失っている場合が多いので，そこから回復するために今何をすべきか，どう生活すべきかをアドバイスする。また，被害者が一時的にシェルターに

身を隠すための援助，自宅のドアの鍵を変えるための援助をする。これは安全確保計画の作成作業でもある。

　社会サービスの紹介　　被害者が加害者と離れた生活を始めるのに必要な福祉，医療，教育などの社会的支援を紹介して，生活と心の安定を図る。

　付き添い　　被害者及び関係者と一緒に法廷に行き，緊張と恐怖におびえる証人に対して，法廷の外で待機している間に，「落ち着いて」などと声をかける。

　子ども，高齢者，障害者の被害者への支援　　DV事件の被害者が子ども，高齢者，障害者の場合は，被害が一層深刻であるので，手厚い保護が考えられている。子どもの被害者には，子どもに対する特別な支援を提供する性犯罪担当の応援を受ける。高齢者は検察局内の特別なスタッフが担当する。身体障害者，精神障害者へは司法省の他の部局が支援している。障害者に関しては，ニーズを把握することが重要となる。彼らが刑事手続の間，快適に過ごせるようにするため，広く圧迫感のない会議室で話すこともある。手話通訳も提供される。

　経済的支援を得るためのアドバイス　　経済的に困窮している被害者や証人に対して，犯罪補償財団の補償金を得るための支援や生活保護の利用方法をアドバイスする。

　被害者影響陳述の作成の支援　　被害者は，刑事裁判において，裁判官が判決言渡しを行う前に，自分の受けた被害，加害者に対する気持ちなどを述べる権利がある。係は，被害者が簡単に「被害者影響陳述」を作成できるよう簡単な様式を用意し，サポートする。

　他州からの証人に対する旅費の支援　　航空運賃代等の交通費，宿泊費を係で負担する。また，証人の安全性を配慮するために，移動の経路や方法に配慮し，それに必要な旅費の増加も負担する。

　通訳サービス　　被害者が外国人や英語に不自由な場合は，係からの通報により，手続の早い段階から通訳が用意される。司法省が提供する。

　裁判手続の情報提供　　刑事裁判手続と民事裁判手続を混乱しがちな被害者に，刑事裁判手続に関する情報を提供する。

(3) その他の活動

地域に対する啓発を活発に行っている。シースファイヤーという，高校をターゲットにしたプログラムがあり，暴力や銃の使用が悪いことを啓発して

いる。

　その他，教会，教育機関，大学などにも出かけて，暴力の関係について講演や研修を行っている。こうした活動には多くの要請がある。

3．ワシントンD.C.首都警察受付センター駐在所

　受付センターには，キム・フレグラー氏（女性），男性1名の警察官が常駐している。

　DV法廷に関する被害者支援　受付センター駐在所では，被害者から被害を聞き取り，それまでに被害を警察に通報していない場合にはレポートを作成することが最大の職務である。また，裁判が行われる前に，アセスメント（写真をとる，指紋を確認する等）を行うこともある。

　さらに，センター内での被害者等の安全を確保することも職務の一つである。加害者が押しかけて来た場合には，事例にもよるが，逮捕することもある。受付センターのドアの外には保安官がおり，二重の安全対策が取られている。

　その他の活動　ワシントンD.C.内には警察署が7つあるが，各署に2名ずつ「DVコーディネーター」という，DV事件を専門に担当する警察官がいる。

　すべての警察官は40時間，DVに関する研修を受ける。また，DV事件を専門に担当するDV法廷受付センター駐在所の警察官及び各管区の警察官は，さらに60時間の研修を受けている。

3…DV被害者支援のNGO

　ワシントンD.C.には，DV被害者のための民間支援機関が多くあり，これらのNGOは，DV法廷を支えるネットワークの有力なメンバーと考えられる。実際，これらのNGOの活躍なしには，ワシントンD.C.のDVへの取組の効果的な運用は到底考えることができない。地区，人種・民族的背景，性的指向など多様なアメリカ社会のあり方を反映してさまざまな支援を提供するNGOがある。機能としては，法律相談，電話相談，シェルター，カウンセ

リングなどである。DV法廷の受付センターで配布される被害者のための小冊子にも連絡先が掲載されていて，その活用が強くアドバイスされている。これらのNGOの中で，DV法廷と関連が深く，とくに熱心に活動して実績もあげている中心的なNGOを紹介したい。

1．法律支援NGO

(1) ジョージタウン大学ローセンター・ドメスティック・バイオレンス・クリニック

被害者に対して，民事保護命令（CPO）を得るための法律的な支援を無料で行う機関の一つである。ジョージタウン大学ローセンターは，DV法廷のあるワシントンD.C.第一審裁判所から徒歩10分ほどのところにある。ワシントンD.C.の中心に位置し，最寄りの地下鉄の駅からも徒歩で行くことが

エプスタイン教授

できる，交通至便なところである。講座の主任担当教授が，デボラ・エプスタイン教授であることはすでに述べた。

クリニックの演習では，DVに関する基礎知識や，訴訟手続を学ぶ。また，ジュリア・ロバーツ主演「愛がこわれるとき」等映画を教材にしてDVの状況を説明したり，加害者から被害者への手紙を参考に，脅迫にあたる文言をあぶりだすなど，実践的な教育がなされている。

さらに，受講している十数名の学生が二人一組になり，弁護士資格をもつクリニックの担当教授や指導スタッフの指示を受けながら，実際に被害者の代理人となって法廷で活動する[19]。裁判所に提出する書面の作成，証人尋問，反対尋問，口頭弁論など責任の重い仕事をこなすのであるから，苦労も多いが，裁判の真剣勝負から学ぶことも多く，充実感もあるようだ。今日の合衆国のロースクールにおける最先端の法学教育である。担当する一つの事例は，2ヶ月程度で終結する。

クリニックに被害者から代理の依頼が直接来ることは稀で，通常は，受付センター内のEDRP（緊急家族関係プロジェクト）から，法律支援の依頼がある。

代理の依頼があると，クリニックの指導スタッフが受付センターに出向き被害者と面接を行って事情を把握する。その際に学生も同行し，事件を担当するようになることが多い。担当する事例の決定後では，被害者との面接を大学の面談室で行うこともある。学生が代理人としての活動で必要とする経費は，クリニックが負担する。学生の支援活動は，使命感に支えられて大変に熱心であり，また，これがロースクールでの成績評価とも結びついているので真剣である。クリニックの学生の活動は好評で，実際，ほとんどの事件で原告勝訴の判決が下され，成果も十分に挙がっている。

クリニックの事務所は，大学の研究室というよりはカウンセリングルームのようにやわらかい雰囲気にまとめられている。平日には秘書が常駐し，被害者と指導スタッフや学生との連絡を円滑に進めている。また，クリニックの事務所には，留守番電話やメールボックスが備えられ，学生が必要に応じて利用できる。

(2) アユーダ（AYUDA）

ワシントンD.C.では，スペイン語圏のラテン・アメリカからやってきた移民が多く，大きなコミュニティーを形成している。アユーダは，差別と暴力に苦しんでいる移民の女性たちを支えるために，スペイン語を話すラテン系アメリカ人女性を中心に，移民女性（定住権の有無は問わない）に対するさまざまな支援を行っている。アユーダとはスペイン語で「HELP」の意味である。

アユーダは1991年に設立され，多くの女性を法律的，社会的に支援し，その活動は高い評価を得ている。スタッフは全員女性の14名であり，みな英語とスペイン語の2言語を話すことができる。事務所は，ワシントンD.C.の中心地から地下鉄に15分乗り，さらに20分歩いたところにある，ラテン系移民が多く住む「アダムス・モーガン」地区の中心部にあるビルの1階に置かれている。学生風の女性，乳母車を引いた母親から杖を突いた高齢者まで，幅広い年齢層の女性たちがひっきりなしに訪れている。立ち寄って，受付のボランティアと世間話をしていく女性もいる。運営責任者は，イボンヌ・マルティネス・ベガ氏である。

アユーダの活動の一部として，DV被害者に対するCPOや子どもの一時的監護権を得るための支援及び社会福祉サービスを提供している「DV支援グループ」がある。スタッフは，ロリ・J・ハンプフリーズ氏など弁護士2名，

ソーシャルサービスコーディネーター1名，ボランティア1名の4名であり，アユーダの活動でも力点が置かれている。

DV法廷に関するアユーダの被害者支援　アユーダにDV被害者がくるようになる経緯は事例によって異なるが，DV法廷の受付センターから紹介される場合が多い。被害者が直接アユーダにきたり，電話をしてきたりすることもある。

アユーダで支援する場合は，登録費用として被害者は最初に60ドルを払うことになる。それ以外には必要ない。しかし，60ドルでも払うことが難しい被害者もいるため，そういった場合は，社会福祉サービスの担当者と相談しながら，少額の分割払いを認める。登録されると，依頼者と代理人の法律的な関係が発生する。CPOや子どもの監護権のためにさまざまな手続が進められる。

手続の途中でトラブルになることがある。とくに，審問として約束した日程に被害者が来なかった場合，電話などさまざまな手段によって彼女を探し出す。彼女が加害者のところに帰っていると判明した場合は，連絡しない。弁護士は法廷で「彼女は来ていないけど事例は係属したい」と述べる。この弁明がないと，訴えが却下されることになる。

被害者がCPOを得た後，安全を確保するためにシェルターが必要な場合には，アユーダの社会福祉サービスコーディネーター（ソーシャルワーカー）が，「姉妹の場所」，「ルースの家」（いずれも後述）を紹介する。しかし，移民女性は一般的に，経済的な独立が難しく，家から出ることには消極的である。シェルターに行くことができない場合でも，アユーダでは被害者の利益となる情報を提供して，被害者の被害の拡大や孤立を防止している。

DV研修，その他の活動　警察官に対して3ヶ月間の集中研修を行っている。研修内容は，移民女性の文化的背景が中心である。その他，CPOに関する法律的研修，移民問題に関する研修も行っている。また，教会に対し

（上）アユーダの事務所入口
（下）ハンプフリーズ弁護士

ても研修を行っている。研修は無料である。

　このような研修を行う理由は，DV被害者でも移民女性には特有の問題が含まれているからである。移民の在留資格が最大の問題である。移民女性の滞在がイリーガルである場合には，そのことと，DVが原因でCPOを求めることとはまったく分離しているにも関わらず，女性たちは在留資格の正当性を問われることを怖れて，裁判所へ訴えることや警察へ通報することはもちろん，警察官と話をすることさえもおそれる。

　同じことは，被害者の定住権の地位が加害者に依拠しているとき，または定住権の手続がまだ完了していないときにも起きる。被害者は通報に非常に消極的になる。通報することにより，たとえば合衆国市民の配偶者という被害者自身の滞在が危うくなるからである。

　もう一つは言葉の問題である。移民女性は経済的に加害者に依存しており，言葉に困難があって就職が困難で経済的自立ができないことが少なくない。裁判所へのアクセスも難しい。裁判所に訴える権利は合衆国市民と同じものが保証されていると言っても，移民女性は訴えることをためらう。

　こうした問題に関し，「連邦女性に対する暴力防止法（VAWA）」で，移民女性被害者に対して，米国滞在の法的地位の違いによって不利に扱われないようにすること，また，配偶者の在留資格について，DV被害者であれば，独立して手続ができることが定められた[20]。しかし，合衆国市民ならば裁判所へ提出する書類は自分で作成できるが，移民女性は言葉や法律的な知識が不十分であるため，困難である。移民女性には，女性共通の問題と移民の問題が二重に存在している。アユーダはまさにこうした女性たちのために法廷で闘い，社会の理解を求めているのである。

（3）ウィーブ

　DV法廷が設立され，被害者がCPOを得られるようになったが，その後にも，被害者には離婚，経済的自立，精神的なケアなど長期的，継続的な支援が必要であるにもかかわらず，そうした支援を一ヵ所で受けることができる場所がなかったことが問題となっていた。そこで，1997年に，DV被害者に対する長期的な法律的，社会的及び精神的支援を行うことを目的としてウィーブ（Women's Empowerment Against Violence，WEAVE）が設立された。その際に，移民女性のDV被害者に関してこうした支援を行ってきたアユーダがモデルの一つになっている。

事務所は，ワシントンD.C.の中心部からやや離れたビジネス街にあるビルの2階にある。事務所の中に入ると，周辺の事務所のいかにも事務的な雰囲気とは異なり，暖かく迎えられているような印象を受ける。

　スタッフは8名である。また，DV法廷受付センターに事務所を持っているEDRPのスタッフが2名いる。インターンが2名，ボランティアが10名おり，スタッフのサポートをしている。

　ウィーブの代表は，DV法廷受付センターの共同運営者でもある，リディア・ワッツ氏である。

DV法廷の民事裁判の代理　ウィーブは，DV被害者に対してDV法廷における民事裁判手続の代理を行い，CPOを得る支援を提供する。ウィーブの弁護士（3名）が活動している。

ウィーブ代表ワッツ氏

　受付の過程は，被害者からウィーブに直接電話がある場合と，受付センターなどのエージェンシーから紹介される場合がある。とくに，シェルター「姉妹の場所」とは提携を結んで，積極的にシェルター入居者の代理を行っている。電話があると，被害者の被害情報，写真情報，外国人の場合は在留の法的地位，さらにCPOの有無などを質問する。そして，「ソーシャルアセスメントクエスチョン」と呼んでいる暴力のレベル，暴力から逃れるためにとりうる手段，たとえばカウンセリング，金銭，暴力関係の知識を判断する。その上で，被害者に対する法的支援または他の機関の支援が必要かどうかを判断する。

EDRPの活動　DV法廷受付センターでは，先に述べたように，EDRPが被害者に対する第一次的な支援を提供している。EDRPは，2000年9月に事務所の本拠をジョージタウン大学ローセンターDVクリニックからウィーブに移して活動している。

CPO裁定後の支援　ウィーブの提供する支援の特徴は，CPO裁定後も長期的，継続的に法律支援を行うことである。被害者はCPOを得ることによって，加害者から一定期間の安全を確保し，子どもの一時的な監護権や養育費を得ることができるが，その他に離婚の問題や養育費の支払についての問題が残ることが多い。他の法律支援組織では，CPO裁定のための法律的支援を提供しているものの，そうした継続的な支援までは行っていない。

しかし，ウィーブでは，被害者が抱えている問題を最後まで解決することをめざして，活動している。

社会サービス　ウィーブでは，法的支援だけでなく，被害者に対する社会福祉サービスの受給支援や，就業支援も提供している。被害者女性の長期的な支援においては，こうした生活基盤の再建にむけた支援がとくに必要であるからである。

カウンセリングサービス　被害者に対するカウンセリングサービスを提供している。被害者の心理的な立ち直りや，繰り返し発生する自己否定的，消極的な心理の克服に向けられている。

研修　警察や弁護士会，コミュニティー，教会等に対してDVに関する研修を行っている。内容は，DVの力学，女性に対する偏見をどう克服するか，被害者が加害者との関係にとどまる理由，コミュニティーの資源等である。

2．シェルター

1970年代後半には，他の州と同様，ワシントンD.C.でもDV被害者女性のためのシェルター設立の動きが高まり，1976年に「姉妹の場所」，「ルースの家」が設立された。ワシントンD.C.におけるDV被害者女性のためのシェルターは，現在でもこの2ヶ所である。

(1)「姉妹の場所」

「姉妹の場所」（My Sister's Place）は，1976年に，「女性の法的保護基金（Women's Legal Defense Fund）」によって設立された，伝統のあるシェルターである。

「姉妹の場所」の事務所の住所は非公開であるが，2階建ビルの2階にあり，事務所のスペースはとてもゆったりとしている。最寄りの地下鉄の駅からは徒歩15分程度で，あまり治安のよい地域ではない。

姉妹の場所では，DV被害者のための24時間ホットラインを開設し，さらに，シェルタープログラム，女性のためのカウンセリングプログラム，子どものためのカウンセリングプログラム[21]，親業プログラム，社会福祉サービスプログラム，広報活動等を展開している。運営責任者は，カーリール・ホフ氏である。

シェルタープログラム　姉妹の場所は，ワシントンD.C.内にシェルターを1ヵ所開設している。所在地は，日本と同様非公開であるが，姉妹の場所の事務所からさらに車で数分離れたところにある，大通りからすこし奥に入った住宅街にある駐車場付の一戸建てである。建物の入口は二重扉で，さらに建物の外側には数ヶ所にビデオカメラが設置され，24時間体制で万全に警備されている。入居定員は24ベットであるが，聞き取り調査の際には，入居希望者が多く，大人10名，子ども18名が入居していた。それでも，スペースの問題で，週に10名は入居を断っている。

シェルターは地下1階，地上3階建ての一戸建てである。1階には，居室が2部屋と仕事のための応接室，オフィス，キッチン，食堂がある。2階には居室が3部屋と家族ルームという入居者が集まる部屋がある。3階には職員の事務室がある。地下1階には，外に遊びに行けない子どもたちのための遊び部屋がある。シェルターには，4つの共同バスルームがある。シェルターは手狭なため，一家族一部屋を確保することができない。たとえば，母親と子ども4人の場合は4人部屋に入居できるが，子どもが2人の時は4人部屋を二家族で同居することもある。

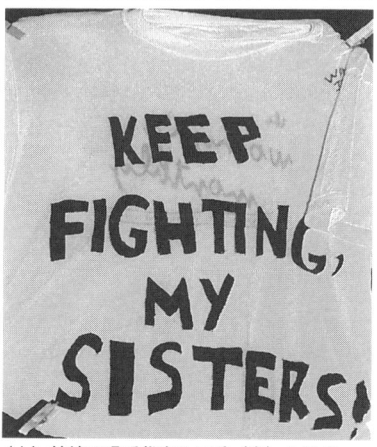

（上）姉妹の場所代表ホフ氏（左）とスタッフのミラー氏
（中）姉妹の場所シェルタープロジェクト責任者ヤクティス氏
（下）サバイバーのメッセージが書かれたTシャツ（姉妹の場所年報1998年表紙）

シェルターには，「入居規定（Shelter Rule）」があり，入居希望者はそれを守ることを要請される。シェルターへは女性とその子どもだけが入居できる。

子どもでも，13歳以上の男子は入居できない。性的指向は問われない。入居者は，10時から4時までは外出できる。利用費は無料である。食事は食材をシェルターで提供し，入居者各自で自炊している。

被害者は滞在中に，「SOSセンター」で無料のカウンセリングプログラム，親業プログラムを受講することができる（SOSセンターについては後述する）。また，入居中には，姉妹の場所のケースマネージャーが就職支援，デイケア支援も行う。これらの費用も無料である。

平均入居期間は約90日である。入居してから90日後に自分で生活するための住居設定をする。アパートが見つからない，すぐに自活できない場合には，シェルター居住を延長することもある。また，必要があれば，もう一歩自立することを目的に，姉妹の場所が運営する「トランジショナルハウジング」に2年間入居することになる。

自立過渡期住宅支援計画——トランジショナルハウジングプログラム
シェルターで90日を過ごした被害者が，所得などの問題で独自に住居を設定できない場合，被害者は姉妹の場所が運営する自立過渡期住宅（トランジショナルハウジング）[22]に入居して，継続して支援を受ける。

姉妹の場所では，トランジショナルハウジングとして，4つのアパート（部屋）を持っていたが，2000年10月にさらに6つ増やして，10アパートを運営している。アパートは，概ね1ベッドルームか2ベッドルームである。

トランジショナルハウジングも，シェルターと同様に数が限られており，シェルター滞在者全てが入居できるというわけではない。待機者リストを作成している。とくに，大家族の場合は，ワシントンD.C.にある政府の低所得者向けの住宅に住むことになる。シェルター入居者はホームレス扱いで，公立住宅入居への優先順位がある。

トランジショナルハウジングへの入居者母子に対しても，姉妹の場所では，カウンセリングや就職研修等の精神的，社会的支援を提供しつづける。

DV教育プログラム　姉妹の場所では，警察やコミュニティーに対する研修を行っている。

さらに，最近，若い人，デートを始める年齢の高校生のDVに関する知識不足が大きな問題となっている。多くの女子高校生がボーイフレンドからのDV被害にあっている。高校生は，経験や知識が不足しているので，暴力の最初のサインがわからず，被害が深刻化してしまう。そうした問題に対応するために，男性，女性両方への高校生向け教育プログラムを提供している。

こうした取組をアピールするため，姉妹の場所では年に数回，ワシントンD.C.内の公園や広場で，被害者から寄せられたメッセージが書かれたTシャツを一列に展示するプロジェクト（Clothesline Project）を行っている。

(2)「ルースの家」

「ルースの家」（House of Ruth）も1970年代後半のシェルター設立運動の一つの成果であり，1976年に設立された。事務所は2つあり，ワシントンD.C.の中心部からやや離れた教会の中にある運営を担当する事務所と，所在地が非公開となっている「DVサポートセンター」の事務所がある。

ルースの家では，13のプロジェクトを展開している。ルースの家全体のスタッフ数は100人以上であり，各々常に20〜25事例を担当している。現在の運営責任者はクリスタル・ニコル氏である。

ルースの家では，ホットラインを設けDV被害者の相談を受け付け，シェルター，トランジショナルハウジングを設置してDV被害者を短期・長期的に保護する活動とともに，DVサポートセンターにおいてカウンセリング等被害者の精神的な支援を提供していることが特徴である。

シェルタープロジェクト　　ルースの家は，ワシントンD.C.内に2つのシェルターを設置している。場所は非公開である。一つは，6家族が入居できる一戸建てである。ここでは，1家族につき1部屋を提供している。台所や風呂は共有である。もう一つのシェルターは廃校になった小学校の校舎を利用したもので，主として単身で精神障害のある女性を対象にしている。定員は54人である。

ルースの家では，シェルターの入居条件として，ワシントンD.C.の居住者であること，女性で18歳以上であることを定めている。DV被害者の子どもでも，13歳以上の男子が入居できないことは，前述の「姉妹の場所」と同じである。滞在期間は90日間から6ヶ月間である。退所後，自立して生活することが困難な場合は，ルースの家が運営するトランジショナルハウジングに移る。

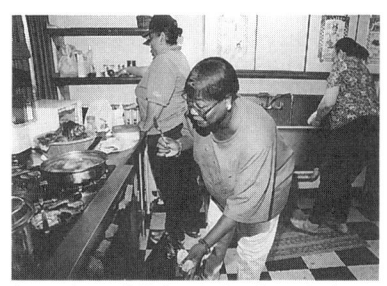

シェルターで自炊するサバイバーたち（ルースの家年報1998—1999より）

自立支援過渡期住宅支援計画——トランジショナルハウジング　　シェル

ター滞在者は，退所後，自立して生活できるようになるまでの期間にトランジショナルハウジングに入居することができる。ルースの家は，ワシントンD.C.内に6つのトランジショナルハウジングを設置している。一つはアパートであり，それ以外は大きな一戸建てである。いずれも，1家族1部屋で同居している。

トランジショナルハウジングの入居者は，ルースの家が提供するカウンセリングや社会福祉サービスを無料で受けることができる。

DVサポートセンター　DVサポートセンターは1997年に，DV問題の深刻化に対応するため，新しくプロジェクトとしてスタートした。ここでは，DV被害者に対して，24セッション（1週間に1回，6ヶ月間）が一つの単位となっているカウンセリングプログラムを提供している。カイダ・テーラー氏を中心に，専任のカウンセラー2名とインターン1名で対応している。開設時間は，月曜日から金曜日の10時から20時までであり，利用料は無料である。センターの場所は非公開となっているが，ワシントンD.C.の官庁街の一角の，交通至便なところにある。支援期間は個人差があるが，6ヶ月から2年間である。

クライアントは，1週間に約20人であり，その99％がアフリカ系アメリカ人の女性で子どもがいる。既婚，非婚は半々である。

社会福祉サービスの提供　被害者が自立して生活することを援助するため，生活保護，就職支援，アパート設定等を支援する。

研修事業　コミュニティーへの研修プログラムは，ルースの家の地域教育啓発担当者（コミュニティーエデュケーター）が担当している。さらに，DVサポートセンターにおいても独自の研修プログラムを開発する計画がある。

3．その他のNGO

(1) ワシントンD.C.ドメスティック・バイオレンス・コアリション

ワシントンD.C.ドメスティック・バイオレンス・コアリション（District of Columbia Coalition Against Domestic Violence。コアリション）は，1986年に設立されたNGOである。コアリションは，同じ領域のNGOが結成する連合組織，いわゆる「アンブレラ組織」であって，DV被害者支援提供グルー

プ，地域啓発活動グループ，法律家等によって構成されている。コアリションの正式メンバーは，シェルターの「ルースの家」，「姉妹の場所」，移民女性支援組織の「アユーダ」及び「ワシントンD.C.レイプ緊急相談センター」であるが，その他に，アジア太平洋地域出身DV被害者支援グループ等，ワシントンD.C.内でDV問題に取り組む多くのNGOとネットワークを持っている。さらに，コアリションには，これに協力する法律的な支援提供団体があるのが特徴で，とくに，ジョージタウン大学ローセンターDVクリニック，ジョージワシントン大学政策研究所，アユーダが関与していることが大きな効果を生んでいる。このネットワークにより，被害者が必要とする適切な支援を，被害者に紹介することができるようになった。

コアリションの事務所は，ワシントンD.C.中心部から地下鉄で約15分北側に離れた住宅街の一軒に置かれている。周辺の治安はあまりよくない。事務所のスタッフは男性1名，女性3名である。代表理事はナンシー・メイヤー氏である。この他に，DV法廷受付センター内にある事務所には女性3名のスタッフがいる。

提供しているプログラム　コアリションのプログラムは，大きく分けて3つである。第一に，「被害者支援プロジェクト」である。これは，DV法廷受付センター内の事務所で主に活動しているため，すでに述べた。

第二に，「SOSセンタープロジェクト」である。SOSセンターについては，次項で説明する。

第三に，「コアリション形成プロジェクト（Coalition Building Project）」（通称：橋渡しBridge Builders）である。「コアリション形成プロジェクト」の

(上) 全米から集まった「Women's March」
(於：ワシントンD. C.) で進行するコアリション代表メイヤー氏（サングラスの女性）
(中) コアリション事務所コフマン氏
(下) SOSセンターカウンセラーのクォル氏

第6章　関連機関の連携　113

目標は，ワシントンD.C.の官と民，政府・裁判所とNGOの連携を形成する橋渡しであり，ワシントンD.C.政府に対する政策提言，議員に対する立法政策の取りまとめ，地域啓発事業，裁判所監視活動を実施している。また，コアリションの代表がワシントンD.C.の審議会（Mayer's Commission）やDV事件統合法廷に関する検討委員会の委員として加わり，NGOの意見を政策に反映させることも連携の形成に役立っている。

さらに，それぞれのプロジェクトでは，インターンシップやボランティア志願者のための研修を行っている。

(2) SOSセンター

SOSセンター（Supporting Our Survivors Center）はシェルター「姉妹の場所」と前項で紹介した「コアリション」によって，1997年に設立され，カウンセリングサービスを提供している。

所在地は非公開であるが，ワシントンD.C.の中心部の交通至便なところにある。両団体はそれぞれ，DV法廷受付センターでは緊急の支援しかできないことに限界を感じており，被害者に対する長期的な精神的な処遇の必要性を強く認識していた。運営費，人件費等の経費は両団体が負担している。

提供しているカウンセリングは，大人セッション（被害者女性）及び子どもセッションである。大人の場合は，被害者が互いにサポートしあうグループセッションと個人対象のものがある。利用料は無料であり，平均の受講数は5，6セッションである。利用者は，姉妹の場所の入居者だけでなく，DV被害者女性は希望すれば誰でも利用できる。ワシントンD.C.居住者に限定していない。

SOSセンターのカウンセラーは，シュワナ・クォル氏など姉妹の場所から2名，コアリションから1名，計3名である。また，インターン1名と子どもグループセッションを手伝っているボランティア2名がいる。カウンセラーが担当するセッション及びクライアントの数は各々異なるが，大人に対するカウンセリングも子どもに対するカウンセリングも担当している。インタビューをしたクォル氏は，1ヶ月に約42セッション，約20名のクライアントを担当している。10月には，8名の大人，12名の子どもを担当したということであった。

(3) DVRP

DVRP（アジア太平洋地域出身者のDV被害者支援プロジェクト，Asian/Pacific Islander Domestic Violence Resource Project）は，1995年に設立された，アジア太平洋地域出身者のDV被害者のための情報提供を行うNGOである。専任スタッフはシャミラ・アブドラ氏の1名で，ボランティアが8名いる。ワシントンD.C.では，中国系と韓国系のコミュニティーが大きいので，これらの人々を中心に支援活動を行っている。DVRPでは，財源や人材が非常に限られているため，年間の取扱件数や被害者の内訳といった統計は持っていない。

　DVRPの事務所では，電話により，アジア太平洋地域出身者DV被害者またはDV法廷受付センターやシェルターといったDV被害者支援機関からの問合せの電話に忙しく対応し，被害者の必要な他の支援先及び通訳を紹介する。アジア太平洋地域出身者が必要とする食事や生活習慣といった文化的背景に関する問合せが最も多い。

4 ... DV法廷の今後の課題

　DV法廷は，DV被害者に対する救済機関としては優れているといえる。しかし，4人の裁判官，4つの法廷で年間4,000件以上の民事事件と5,000件以上の刑事事件を扱うため，限界もある。また，DV法廷の創設により多くの事例が裁判で明らかになったため，他の人権問題とのあつれきも生じるようになった。

1．キャパシティ

(1) 人員

　DV法廷の裁判官は，設立当初の1996年には3名であったが，1999年より1名増員されて，現在4名である。将来的には5名，6名に増員する計画もあるという。

　DV法廷の年間取扱件数は，1999年度では民事事件が4,497件，刑事事件が5,312件であり，あわせて9,809件である。したがって，裁判官一人あたりの年間処理件数は約2,500件，一人の裁判官が一日に扱う件数は平均約9件と

なる。しかし，被害者のとりあえずの安全を確保するためのTPO（一時保護命令）に関しては，一日に約14件の裁判が行われている。このように，ワシントンD.C.第一審裁判所の他の部に比べて一人当たりの裁判件数が多いのは，DV法廷の特徴である。したがって，一つの事例に十分な時間をかけて審議されているのか，やや不安になる。

　また，被害者は，最初に駆け込む受付センターで，受付用紙を記入した後に面接を受けるまでに常に待たなければならない。センター内の各機関・NGOの職員数，ボランティア数が十分ではないため，被害者は待合室で長時間待つことになる。4時間待つこともあるという。

　さらに，刑事裁判の場合には，検察官の不足も深刻な問題である。検察官がDV法廷設立時の14人から現在では26人になったとはいえ，一人当たり年間200件を担当している。検察官が事件を調査する時間が十分に取れないこともあって，有罪率が65％にとどまっている。冤罪がないのは喜ばしいことであっても，真の加害者が処罰されず，再犯に至ってさらに深刻な被害が生じて初めて有罪となるのは，被害者保護の面では大きな問題である。

(2) スペース

　DV法廷では，加害者，被害者，それぞれの弁護士，家族，証人は法廷内の傍聴席か法廷の外の廊下で裁判の順番を待つことになる。傍聴席は48席あるが，開廷直後の午前9時30分にはほぼ満席の状態である。廊下にもいすが用意されているが，座りきれないほど関係者であふれている。こうした過密の状態は，被害者と加害者を近づけてしまうことになり，被害者が恐怖心をもったり，廊下で口論になったりすることもある。

　受付センターは，裁判所がセンターの事務所を提供しているが，そのスペースはとても狭い。被害者，支援者，センター内の団体のスタッフで常にごったがえしている。また，受付センターでは，独自に4畳半ほどの事務所をもっているのはOCC，EDRP，合衆国検察局被害者証言支援係だけである。これらの機関の支援を受ける被害者は，その事務所内で面接を受けるのでプライバシーは守られる。一方，駐在所，コアリション等は独自の事務所を持たないので，センターの隅のパーテーションで区切られた場所や，受付センターの中央にあるテーブルやいすで面接が行われている。さらに，無料の法律支援を受ける場合も，外部から弁護士やロースクールの学生が受付センターに来て面接を行うので，同様にテーブルかいすで行われる。これでは隣で

面接している被害者の話が聞こえ，プライバシーがまったく確保されないに等しいので，内部でも問題視されている。

２．他の人権問題との関連

DV事例に対する介入の増加は，新たに２つの問題を被害者女性にもたらす結果となった。DV法廷の設立は，事件の顕在化と被害の救済に大きく貢献してきただけに，こうした問題をどのように扱うのかが今後の課題である。

(1) 移民女性

移民と民族的マイノリティに属する被害者に特有の，在留資格にかかわる問題がある。DV事件を通報することで移民女性が受ける負の影響は，VAWAの改正により先に述べたように軽減された。その一方で，たとえば，最近の合衆国移民法の改正により，DV加害，ストーキング，民事保護命令（CPO）違反で有罪となった移民に対して，明確な合法の滞在資格をもっていたとしても，国外追放命令が下されるようになった。移民女性の被害者の中には，同じマイノリティグループの男性から被害を受けるケースが多いが，この場合でも加害者が国外追放になることは不本意である。加えて，そのようなことになれば，被害者がコミュニティーの他のメンバーから嫌われて差別される危険がある。

また，移民だけでなく，アフリカ系やアジア系等有色人種の女性は警察を呼ぶことにちゅうちょする傾向がある。彼らの私生活の細部が警察に支配されるのを一般的に好まないことや，しばしば悪意のある差別的な警察官がいるためであると考えられている。

(2) 子どもの人権

DV法廷に被害者女性が訴えることによって，しばしば児童虐待事件が発見される。中でも，女性が，被告による児童虐待を放任していたとして，刑事罰を課せられる事例が発生している。こうした事例が増えるにつれ，被害者女性が刑事罰をおそれて，DV法廷に事件を訴えなくなる傾向が出てきた。他方，子どもの人権を擁護する立場では，虐待を放任した母親に対して刑事罰を課すことを支持している。これは，子どもの人権と女性の人権の矛盾である。

子どもに対する養育費，監護権，面接交渉権については，加害者との間の子どもの場合にのみ，被害者はCPOで養育費を取ることができる。加害者は，被害者との間の子どもの場合にのみ面接交渉権があるので，父親が，監護権や面接交渉権の審理の際には「自分が父親だ」というのに，養育費のことになると「自分は父親ではない」と言い出すこともある。そうしたときには，DNA検査を行って，血縁関係を判断する。

　子どもが虐待されているときは，加害者は面接交渉権を得られない（家族内犯罪法16-0005条(c)(7)）。CPOケースで児童虐待が発見された場合には，裁判官は検察官に連絡して，他のケース（性的虐待など）として訴えることになる。CPOの接近禁止命令は効力が1年間なので，児童虐待防止には不十分な期間である。担当の裁判官は制度の改善を望んでいる。

　もし，被害者と夫の連れ子が暴力を受けている場合，子どもの監護権は実母に優先的に与えられる。実母以外の者が子どもの監護権を得るためには，高度な理由が要求される。養母が監護権を求める場合は，実母を探し出し，関係者を集め，監護権を争う裁判で決定する。この場合は，別の法廷の担当になる。

インタビュー，調査協力者一覧（敬称略）

- シャミラ・アブドラ〈DVRP代表〉（2000年11月8日）
- デボラ・エプスタイン〈ジョージタウン大学ローセンター助教授・DVクリニック講座主任担当，弁護士〉（2000年9月8日，同10月26日，同11月14日）
- ウィリアム・オゴスト〈DV法廷ネゴシエーター〉（2000年9月13日）
- シュワナ・クォル〈SOSセンターカウンセラー〉（2000年11月9日）
- ラリサ・コフマン〈ワシントンD.C. DVコアリションスタッフ〉（2000年9月18日）
- ロバート・J・スパグノレティ〈合衆国検察局ワシントンD.C.第一審裁判所部性犯罪DV課チーフ検察官〉（2000年11月2日）
- ロレイン・チェイス〈合衆国検察局被害者証言支援係係長〉（2000年11月7日）
- カイタ・D・テイラー〈ルースの家DVサポートセンターカウンセラー〉

（2000年11月7日）
- ミッシェル・トーマス〈EDRP代表〉（2000年9月13日，同10月23日）
- クリスティン・ハンセン〈OCC弁護士〉（2000年11月9日）
- ロリ・J・ハンプフリーズ〈アユーダDV支援グループ弁護士〉（2000年10月27日）
- キム・フレグラー〈ワシントンD.C.首都警察DV法廷受付センター駐在所警察官〉（2000年11月14日）
- カーリール・ホフ〈姉妹の場所代表〉（2000年9月18日）
- ヘレン・ホール〈ワシントンD.C. DVコアリション・DV被害者支援プログラムディレクター〉（2000年9月15日，同11月13日）
- エレン・マーシャル〈ワシントンD.C.裁判所教育研修開発センター所長〉（2000年11月14日）
- シャナ・ミラー〈姉妹の場所ボランティアスタッフ〉（2000年9月18日）
- ステファン・G・ミリケン〈ワシントンD.C.第一審裁判所裁判官，初代DV法廷裁判長〉（2000年10月24日，同31日，同11月7日）
- ナンシー・メイヤー〈ワシントンD.C. DVコアリション代表理事〉（2000年10月15日）
- ジュリアナ・ヤクティス〈姉妹の場所コミュニティーサービスディレクター〉（2000年11月1日，同10日）
- ポール・ラディ〈DV法廷書記官〉（2000年11月9日）
- アンジェラ・ルード〈姉妹の場所子どもプログラムスタッフ〉（2000年11月1日）
- リディア・ワッツ〈ウィーブ代表〉（2000年11月6日）

(1) ワシントンD.C.の概要
①ワシントンD.C.政府

　合衆国の首都は，正式には「コロンビア特別区（District of Columbia）」というが，以下では単に「ワシントンD.C.」という。

　ワシントンD.C.の面積は，68平方マイル（約175平方キロメートル）であり，福岡市の約半分である。また，人口は約60万人である。人口の約70％がアフリカ系アメリカ人であり，約5％がヒスパニック系のプエルトリコや中南米出身者である。白人は人口の25％未満である。

　市長は，アフリカ系アメリカ人（男性）のアンソニー・ウィリアム氏で，民主党に所属している。1999年の選挙で選出された。

　ワシントンD.C.は，州ではないが，政府の権限は，他の州がもつ自治権の範囲に近い。

②ワシントンD.C.の裁判制度

　合衆国では，各州に連邦の裁判所と各州独自に設置している裁判所がある。

　ワシントンD.C.は，合衆国の他の州と同様，独自の裁判所を設立している。すなわち，1971年に創設された，控訴裁判所（The District of Columbia Court of Appeals）と第一審裁判所（Superior Court of District of Columbia）である。ワシントンD.C.裁判所は，「H. Carl Moultrie法廷」，A棟，B棟，C棟のあわせて4つの建物を有している。

　控訴裁判所ならびに第一審裁判所は主な建物である「H. Carl Moultrie法廷」内に置かれている。同建物は地上5階，地下3階建である。控訴裁判所はその5階に位置している。第一審裁判所は4階から地下1階を占めている。なお，地下2階には事務所と保育室，地下3階にはカフェテリアがある。

　第一審裁判所には，58名の裁判官（男性34名，女性24名）がいる。裁判官は合衆国大統領から任命される。

　第一審裁判所全体の年間取扱件数は，1999年度で224,528件である。

③ワシントンD.C.の検察制度

　合衆国では，各州に連邦の検察局と各州独自に設置している検察局がある。

　しかし，ワシントンD.C.は州ではないため，他の州と異なり，独自の検察局を持たない。ワシントンD.C.の裁判所で扱われる刑事事件は，連邦司法省のワシントンD.C.第一審裁判所部（Superior Court Division）が行うことになる。したがって，ワシントンD.C.における刑事事件を担当する検察官は，連邦の職員となる。

④ワシントンD.C.の弁護士制度

　合衆国の弁護士は，各州の弁護士協会に登録して活動している。

　ワシントンD.C.の弁護士は，「ワシントンD.C.弁護士会」に必ず所属しなけれ

ばならない。

(2)　「人権フォーラム21」及び反差別国際運動日本委員会により，1998年4月に設立された，若手研究者を中心としたNGOで，約10カ国の国内人権機関の比較調査・研究を行い，その成果を広く公表する。研究員は，それぞれの研究対象国に3～4週間の滞在を2回程度行い，人権機関の活動実態を社会背景の中からあぶりだすことを目的としている。本調査の担当者はNMP研究員の大西祥世である。大西は，2000年8月末から9月末，同年10月中旬から11月中旬にワシントンD.C.に滞在して，聞き取り調査及び資料の収集を行った。

(3)　合衆国では，この他に「DVコート」と呼ばれるDV事件専門部をもつ州もある。しかしこれらは，民事裁判所または刑事裁判所のDV担当専門部の名称であり，ワシントンD.C.，ハワイ州，フロリダ州のような統合法廷ではない。

(4)　最近の日本語文献としては，財団法人横浜市女性協会編『Breaking the Rule of Thumb日英対訳「ドメスティック・バイオレンスとどう取り組むか～親指のルールを打ち破って」フォーラムブック13』・2000年が参考になる。

(5)　Susan Schechter, Women and Male Violence The Visions and Struggles of the Battered Women's Movement, 11 (1982)。同書は，1970年代からの合衆国のDV運動についても詳しい。

(6)　LEGAL TIMES, Week of June 17, 1996 Vol. XIX No.5

(7)　家族内犯罪法16-1031条

(8)　暴力犯罪規制及び法執行法（the Violent Crime Control and Law Enforcement Act of 1994）第4編。施行にともない，合衆国法律集（United States Code）18編及び42編の随所に編入された。

(9)　Deborah Epstein, Effective Intervention in Domestic Violence Cases: Rethinking the Roles of Prosecutors, Judges, and the Court System, 11 Yale J.L. & Feminism 3, 140-141 (1999)

(10)　一日にある一つの法廷で極端に多くの事件が扱われると，審理を待っている当事者や担当裁判官に負担がかかる。それを防ぐために，前述したように，法廷毎に一応の担当事件は決まっているものの，刑事事件がたまたとくに多く扱われるときに通常は民事裁判手続を行う101・102号法廷で刑事裁判が行われることもあり，民事事件がとくに多く扱われるときに通常は刑事裁判手続を行う103・104号法廷で，TPOやCPOの審問が行われることもある。

(11)　裁判官は，年に3回，ローテーションで101号法廷から104号法廷の間を移動する。その結果，最初の審問で刑事裁判を担当した裁判官が，次回審問日を，次に自分が移動する法廷で行うように設定することがある。たとえば，102号法廷でCPO審問を行った後，次回の刑事裁判日程を自分が次に移動する103号法廷で

開くように設定すると，一つのDV事件が民事裁判，刑事裁判ともに一人の裁判官のもとで審理されることになる。
(12) 合衆国法律集18編922条(g)(8), (9)
(13) 合衆国法律集18編2261条(a)(1), (2), 同2261条A
(14) Fed. Reg. 13061(1996) (to be codified at 8 C.F.R., §§103,204,205,216) (proposed March 26, 1996)
(15) 社会福祉サービスを受ける被害者は，必要な他の支援機関を紹介される。その際には，被害者自身で各機関にアクセスするのではなく，コアリションのDV法廷受付センター内事務所から電話することになる。コアリションは簡単なスクリーニングをして被害者を各機関に紹介することになる。

　各機関は独自の受付方法や基準をもっているので，被害者を実際に受け入れるかどうかは，各機関が判断することになる。

　被害者を紹介した後には，フォローアップを行っている。すなわち，各機関に対しては電話で被害者が実際に電話や来所したかどうかを確認する。被害者に対しては，直接電話をしたり，CPO違反事例を訴えに被害者が法廷に来たときに聞くようにしている。
(16) OCCで事件を担当するかロースクールの学生が担当するかについては，正式な手続きはないものの，実質的にはEDRP（緊急家族関係プロジェクト）が決定している。
(17) DV法廷以外の事項について，簡単に説明する。

　他州では，多くの州で検察内にDV事件を扱う「DV部」を設置している。例えば，イリノイ州，カリフォルニア州，ワシントン州，マサチューセッツ州などである。DV法廷を設置しているのはワシントンD.C.とハワイ州，フロリダ州である。他州でも検察官は，DV問題に関して専門性を高めるために研修を行っている。しかしそのための多額の費用を州の財政で負担することになる。したがって，最善の方法で事件を扱うために，州間を越えてパイロット事業を展開している。

　また，ワシントンD.C.で検察官がDV事件の捜査や裁判の過程で児童虐待を発見した場合は，ソーシャルサービス及び捜査部に連絡する。刑事事件の場合は，性犯罪DV課に戻ってくる。民事手続では，児童虐待事例は家事部児童虐待放任担当が扱う。したがって，DV事件のようにCPOとの関連性がなく，刑事児童虐待事件と民事手続をコーディネートするのは難しい。
(18) 性犯罪DV課チーフ検察官，ロバート・スパグノレティ氏へのインタビュー（2000年11月2日）。
(19) 春学期，秋学期それぞれ12または14名の学生が同クリニックを受講している。筆者が参加した2000年秋学期には，教授2名，指導スタッフ（スーパーバイザー）

2名の指導のもと，14名の学生が学んでいた。なお，ジョージタウン大学の他に，「アメリカン大学女性と法クリニック」，「カトリック大学DVクリニック」，「ジョージワシントン大学ローセンターDVクリニック」等も同様の支援を提供している。これらの学生が担当した事例は，1999年では50事例あるが，講座の開講時期との関連で，1月，3月，9月，10月に集中している。

(20) 前掲14
(21) 姉妹の場所では，シェルターに入居している被害者の子どものためのプログラムを持っている。担当者はアンジェラ・ルード氏など2名であるが，数人のボランティアがいる。子どもの場合，いろいろな問題がある。例えば，親が子どもを放任する，虐待する，また子どもが自分自身を傷つけてしまう場合もある。それぞれに応じたプログラムが必要である。

　子どもに対する支援では，子どもの年齢に応じたプログラムを提供している。入居している子どもの多くは小学生であるが，転校することが難しい。転校しても，転校先の教員との連携も重要となるので，教員の理解と支援を得るための支援を提供している。また，子どもと遊ぶプログラムもある。いろいろな楽しみを提供する。ワシントンD.C.には多くの博物館，美術館があるので，そこに連れて行くこともある。

　母親に対する支援では，母親に，虐待しない方法での子どもの接し方を教える。週2回，フィーリング（OKか，怒っているか，どうして怒っているのか等）について，フラストレーションがたまっているか，何が必要かについて，母親たちが何を感じているのかを話し合う。これとは別に，SOSセンターで提供している親業プログラムでは，母親は，子どもの育て方，自分と子どもの健康問題，親子関係について学び，子どもに関するプログラム，CPOに関する情報などを得ることができる。

(22) 日本では，「ステップ・ハウス」と紹介されることもある。

Page 1 of 3

SUPERIOR COURT OF THE DISTRICT OF COLUMBIA
DOMESTIC VIOLENCE UNIT

Jane Doe, Petitioner

v.

John Doe, Respondent

IF No. _1234 - 00_
Respondent's D.O.B. _7/28/73_
Address _1234 M Street, N.E._
Washington, DC 20001

CIVIL PROTECTION ORDER

Upon consideration of the petition filed in this case, and after a hearing, the Court finds that there is good cause to believe that the Respondent has committed or threatened an intrafamily offense within the meaning of D.C. Code Ann. §16-1001 et seq. Therefore:

IT IS HEREBY ORDERED that for a period of 12 months from the date of this order:

☒ Respondent shall not assault, threaten, harass, or physically abuse Petitioner or ~~his~~/her child(ren) in any manner.

☒ Respondent shall stay at least 100 feet away from Petitioner's ☒ person, ☒ home; ☒ workplace, ☒ children's school/daycare, ☒ other: _church_

☒ Respondent shall not contact Petitioner in any manner, including but not limited to: ☒ by telephone; ☒ in writing; ☒ in any other manner, either directly or indirectly through a third party ☐ except under the following conditions: _____

☒ Temporary custody of the following minor children is awarded to: ☒ Petitioner ☐ Respondent until further order of this Court or the expiration date of this Order. *(Specify names and dates of birth.)*:
Jane Doe, Jr., DOB 3/1/99

☒ Visitation rights with the above minor children are awarded to: ☒ Respondent ☐ Petitioner under the following conditions: *(Specify dates, times, person who will pick up and drop off, etc.)*
Respondent shall have visitation with Jane Doe, Jr. every other weekend, beginning 1/1/00, on Saturday from 10:00 a.m. to 5:00 p.m. Respondent's mother will pick up and drop off the child from Petitioner's home.

☒ Respondent shall vacate the residence at: _1234 M St., N.E., Washington, DC 20001_
on or before *(date)* _1/1/00_.

The Metropolitan Police Department shall accompany Respondent to retrieve his personal belongings from *(location)* _1234 M St., N.E., Washington DC 20001_,
on *(date)* _1/1/00_ at *(time)* _11:00_ ☒a.m./☐p.m., and shall stand by to ensure petitioner's safety; and ☒ shall retrieve Petitioner's keys from Respondent.

FD 656/Jan. '99

WHITE-COURT RECORD GREEN-RESPONDENT CANARY-PETITIONER'S ATTORNEY
PINK-METROPOLITAN POLICE DEPARTMENT GOLDENROD-SOCIAL SERVICES DIVISION

ワシントンD.C.第一審裁判所DV法廷

ジェーン・ドー，原告　　　　事件番号：1234－00
ジョーン・ドー，被告　　　　被告生年月日：<u>1973年7月28日</u>
　　　　　　　　　　　　　　原告住所：<u>ワシントンD.C.北東地区</u>
　　　　　　　　　　　　　　　　　　　<u>M通1234番地〒20001</u>

民　事　保　護　命　令

本件申立に関し，当裁判所は審尋を行い，ワシントンD.C.家族内犯罪法16-1001条に含まれる家族内犯罪に被告が関与しまたは関与するおそれがあると信じるに十分な理由があると判断した。その結果：

ここに，被告に対して本命令が発せられる日から12ヶ月間，×印を付した次の事項を命じる：

☒被告は，原告とその子どもに対して，いかなる手段によっても，暴力行使，脅迫，嫌がらせ，または身体的な虐待を行ってはならない。

☒被告は，原告の☒本人，☒家屋，☒職場，☒子どもの学校／保育所，☒その他指定された場所　<u>教会</u>　から少なくとも100フィート以内に近づいてはならない。

☒被告は，被告に対して，いかなる手段によっても連絡してはならない。これには，直接または第三者を通じて間接に行うで，電話，手紙，その他いかなる方法によるものも含まれる。ただし，次の条件を満たした場合を除く：＿＿＿＿＿＿＿＿＿＿＿＿＿＿＿＿＿。

☒未成年の子どもに関する一時的な監護権は，当裁判所から新たな命令が発せられるか，または本命令が失効するまで，☒原告□被告に与えられる。（子どもの氏名と生年月日を特定する）：<u>ジェーン・ドー・ジュニア，1999年3月1日生</u>

☒上記の未成年の子どもに関する面接交渉権は，次の条件を満たした場合，☒被告□原告に与えられる。（日時，送迎人等を特定する）：<u>被告は，ジェーン・ドー・ジュニアに対する，2000年1月1日より隔週土曜日の午前10時から午後5時までの面接交渉が認められる。被告の母親が原告居宅に子どもを迎えに行き，また同所に送ることとする。</u>

☒被告は，（日付）<u>2000年1月1日</u>までに，<u>ワシントンD.C.北東地区M通1234番地〒20001</u>の住居から退去しなければならない：

ワシントンD.C.首都警察署は，<u>ワシントンD.C.北東地区M通1234番地〒20001</u>から，（日付）<u>2000年1月1日</u>（時間）☒午前／□午後<u>11</u>時に，個人の所有物を回収するために，被告に同行し，☒原告の安全を確保することに備え，原告居宅の鍵を被告から回収しなければならない。

Page 2 of 3

☒ Child Support, in the amount of $ _150_ per month, shall be paid by: ☒ Respondent; ☐ Petitioner. Payments shall occur on the _1st_ day of every month, beginning _January_ , 20 _00_ and shall be made through the D.C. Superior Court Registry, Room 4201, 500 Indiana Ave., N.W., Washington, D.C. 20001. Checks will be made payable to the D.C. Treasurer. Payments shall be forwarded to the Petitioner'(non confidential address): _1234 M St., N.E._ _Washington, DC 20001_

THE COURT HEREBY FINDS: *(check one)*
- ☒ The above amount of child support is in accordance with the D.C. Child Support Guideline.
- ☐ The parties have agreed to the above child support amount and the Court has found this amount to be fair and just.
- ☐ Application of the D.C. Child Support Guideline would be unjust or inappropriate in this case *(explain):* _____

THE COURT HEREBY FINDS: *(check one)*
- ☒ Support payments shall be immediately withheld from the earnings or other income of the obligor.
- ☐ There is good cause not to impose immediate withholding from the earnings of the obligor *(explain):* _____
- ☐ Because good cause was demonstrated, the alternative method of payment shall be: _____

Obligor's Employment Information for Withholding Purposes:

Name of current employer: _____
Address of current employer: _____
Phone number of current employer: _____

The obligor must notify the court within 10 days of any change in the above employment information. A withholding order may be changed upon motion from either party to request a reappointment of periodic arrears payments to reflect a change in the obligor's ability to pay. The obligor shall make all payments directly into the Court Registry until mandatory wage withholding begins.

☒ Respondent/ ☐ Petitioner shall maintain health insurance coverage for: ☒ the above children; ☐ other: _____ , through his/her employer.

☐ Respondent shall provide Petitioner with financial assistance, in the amount of $ _____ ,
☐ per month; ☐ one time only; other _____ , for; ☐ rent/mortgage assistance;
☐ spousal support: ☐property damage: ☐medical costs, ☐ other _____
Payment shall be made by *(date(s)):* _____
Through the D.C. Superior Court Registry, Room 4201, 500 Indiana Ave., N.W., Washington, D.C. 20001. Checks will be made payable to the D.C. Treasurer Payments shall be forwarded to the Petitioner at (non confidential address): _____

WHITE-COURT RECORD   CANARY –RESPONDENT   PINK -PETITIONER/ATTORNEY
GOLDENROD-METROPOLITAN POLICE DEPARTMENT

☒被告☐原告は子どもの養育費を，一月あたり<u>150</u>ドル支払わなければならない。支払は<u>2000</u>年<u>1</u>月以降，毎月<u>1</u>日に，ワシントンD.C.北西地区インディアナ通500番地〒20001の4201号室にあるワシントンD.C.第一審裁判所登記所を通じて履行しなければならない。小切手で支払うときは，ワシントンD.C.出納官に対して支払が可能なものであること。

支払は原告の居所（公開されている住所）<u>ワシントンD.C.北東地区M通1234番地〒20001</u>に送達されなければならない。

ここに裁判所は次の事項を確認する（一つを選択する）

☒上記の子どもの養育費は，ワシントンD.C.子ども養育費ガイドラインによるものである。

☐両者は上記の養育費金額に合意し，裁判所は上記金額を公平並びに公正と確認する。

☐本件において，ワシントンD.C.子ども養育費ガイドラインを適用することは公平でなく不適切である。（理由）＿＿＿＿＿＿＿＿

ここに裁判所は次の事項を確認する（一つを選択する）

　☒養育費は，債務者の給与または他の収入からただちに差し引かなければならない。

　☐養育費が債務者の収入からただちに差し引かれないことに正当な理由がある（理由）＿＿＿＿＿＿＿＿

　☐正当な理由が示されたため，天引きにかわる支払手段を以下とする。

☒被告／☐原告は，彼／彼女の雇用主を通じて，☒上記子ども；☐その他の者の健康保険料を支払わなければならない。

☐被告は☐賃借／抵当費用補助；☐配偶者生活費：☐損害賠償：☐医療費，☐他のために，原告の生計補助費として，＿＿＿ドルを☐月ごとに；☐一括払いで；☐他の方法＿＿＿＿で支払わなければならない。

　支払は（日付）＿＿＿＿＿までに行うこととする。

　ワシントンD.C.北西地区インディアナ通500番地〒20001の4201号室にあるワシントンD.C.第一審裁判所登記所を通じて履行しなければならない。小切手で支払うときは，ワシントンD.C.出納官に対して支払が可能なものであること。

支払は原告の居所（公開されている住所）＿＿＿＿＿＿＿＿＿＿＿＿＿＿＿＿＿＿＿＿＿＿＿＿＿＿＿＿＿＿＿＿＿＿＿＿に送達されなければならない。

☒ Possession and use of the following jointly owned property is awarded to : ☒ Petition,^{er} ☐ Respondent:
   Dining room furniture ; television set ; car

☒ Respondent shall enroll in and complete a counseling program for:
   ☒ alcohol/drug; ☒ domestic violence; ☒ parenting skills ☐ family violence;
   ☐ other: _____
   Respondent shall enroll in the designated program(s) TODAY, in the Probation Office, Room 1230 of the D.C. Superior Court, and submit to a photograph for identification purposes.

☐ Respondent shall reimburse Petitioner for attorney's fee and costs in the amount of $ _____
   on or before *(date):* _____

☐ other: _____

Respondent MUST notify the court if he has a change of address at any time.

FAILURE TO COMPLY WITH THIS ORDER IS A CRIMINAL OFFENSE AND CARRIES A PENALTY OF SIX MONTHS IN JAIL AND/ OR A FINE OF $1000.

☒ Respondent was served with a copy in open court.

☐ Respondent failed to appear. A DEFAULT Protection Order is issued (with similar conditions as set in the Temporary Protection Order). Respondent **shall** comply with all conditions Of this Protection Order.

_____
Respondent's signature

12 / 20 / 99
Date

_____
Judicial signature

THIS ORDER IS HEREBY EXTENDED FROM *(today's date):* _____, 20 _____.

_____   _____
Date   Judge

On the date shown below, a copy of this Extended Order was served personally on all parties who have been ordered to comply with any provision of the Extended Order.

_____   _____
Date   Deputy Clerk

WHITE-COURT RECORD   CANARY –RESPONDENT   PINK -PETITIONER/ATTORNEY
GOLDENROD-METROPOLITAN POLICE DEPARTMENT

Form FD-656C/Aug 00

☒次の共有財産の所有権と使用権は☒原告，□被告に属する。
　　台所の家具，テレビセット，自動車

☒被告は次のカウンセリングプログラムを受講し完了しなければならない。
　　☒アルコール／麻薬，☒ドメスティック・バイオレンス，☒親業，□家庭内暴力，
　　□他_____
被告は上に編成されたプログラムを，ワシントンD.C.第一審裁判所1230号室の保護観察官事務所で本日受講し，本人確認のための写真を提出しなければならない。

□被告は，原告の弁護士費用＿＿＿ドルを（日付）＿＿＿＿までに弁済しなければならない。

□その他

被告は，住所地を変更した場合には，必ず裁判所に通知しなければならない。

この命令に従わないことは犯罪であり，6ヶ月の懲役刑及びまたは1,000ドルの罰金刑が課されることになる。

☒被告は，公開の法廷でこの命令を受領した。

□被告は出廷しなかった。デフォルトで保護命令が言渡される（緊急保護命令の条件と同様である）。被告は本保護命令のすべての条件に従わなければならない。

1999年12月20日	ジョーン・ドー
日付	被告署名
	裁判官署名

参考文献 (日本語のみ・最近のもの)

【単行本】

- 安宅左知子『殴られる妻たち 証言ドメスティック・バイオレンス』洋泉社・2000年
- 梶山寿子『女を殴る男たち ドメスティック・バイオレンスは犯罪である』文藝春秋・1999年
- シェルター・DV問題調査研究会議『シェルターを核とした関係援助機関の活動連携実態および法制度・運用に関する調査』・2000年
- 鈴木隆文・後藤麻理『ドメスティック・バイオレンスを乗り越えて』日本評論社・1999年
- 東京弁護士会両性の平等に関する委員会編『相談対応マニュアル ドメスティック・バイオレンスセクシュアル・ハラスメント』商事法務研究会・2001年
- ドメスティック・バイオレンス国際比較研究会編『夫・恋人からの暴力 国境のない問題・日本と各国のとりくみ』教育資料出版会・2000年
- ニール・ジェイコブソン／ジョン・ゴットマン著, 戸田律子訳『夫が妻に暴力をふるうとき ドメスティック・バイオレンスの真実』講談社・1999年
- 日本DV防止・情報センター編『ドメスティック・バイオレンスへの視点 夫・恋人からの暴力根絶のために』朱鷺書房・1999年
- 日本DV防止情報センター編『知っていますか？ドメスティック・バイオレンス一問一答』解放出版社・2000年
- 日本弁護士連合会編『ドメスティック・バイオレンス防止ハンドブック 妻への暴力, 子どもへの虐待の根絶に向けて』明石書店・2000年
- 原田恵理子編著『ドメスティック・バイオレンス サバイバーのためのハンドブック』明石書店・2000年

【論文】

- 青山彩子「米国におけるドメスティック・バイオレンスへの対応（上）（下）」警察學論集52巻1号100－116頁, 2号143－162頁・1999年
- 青山彩子他「特集・警察政策フォーラム・DV及び児童虐待と刑事司法」

警察學論集53巻7号1－54頁・2000年
- 海老原夕美「ドメスティック・バイオレンスをめぐって」鈴木経夫判事退官記念論文集編集委員会『新しい家庭裁判所をめざして』85－103頁ルック・2000年
- 戒能民江「ドメスティック・バイオレンスと性支配」『現代の法11ジェンダーと法』281－311頁岩波書店・1997年
- 田中孝一「ドメスティック・バイオレンスとの闘い」海外司法ジャーナル5号80－84頁・1999年
- 酒巻匡「米国のDV対策法制」警察學論集53巻7号55－62頁・2000年
- 後藤弘子「ドメスティック・バイオレンスとその刑事的対応」警察學論集53巻4号130－145頁・2000年
- 福岡久美子「ドメスティック・バイオレンスと合衆国憲法（一）（二）」阪大法学49巻5号39－74頁，6号53－89頁・2000年

編者あとがき

　筆者がワシントンD.C.のDV法廷を知ったのは，2000年1月に指導教授の江橋崇先生からエプスタイン教授の論文を紹介されたときである。当時，アメリカ合衆国でDV法廷に関する研究で公刊されたものはそれ以外にほとんどなく，日本での紹介もなかなか見当たらなかったので，大変に驚いた。そして，この論文以外にはほとんど実際の情報を得ることがなかったため，自分の力量を十分に考える間もないままに，NMP研究員として現地調査を試みることになった。

　ワシントンD.C.に滞在し，そこで見聞したことは圧倒的に迫力があった。合衆国のDVへの取組がきわめて先進的であることはよく知られているが，ここまで多元的，重層的とは思っていなかった。DV法廷とその関連機関やNGOを訪問し，DV被害者の救済のために裁判所が積極的な役割を果たしていること，裁判所が自ら問題解決のために刑事裁判手続と民事裁判手続を統合させていること，さらに，総合的な解決をめざしてNGOや関連機関と連携し，これらが協働して問題の解決にあたっていること，それにもかかわらずDV問題の根本的な解決には至っていないこと，こうした実情に触れて，すべてが新鮮であり，驚きの連続であった。

　しかし，DVへの取組の実際を知ることはそれほど容易ではなかった。合衆国は州や地域によってDVの定義そのものが異なり，その対応方法も千差万別であるという当たり前のことを再認識した。だからこそ，DV法廷を繰り返し傍聴し，関係者への聞き取り調査を実施してようやく，その一端をみることができたと思う。

　さらにジョージタウン大学ロースクールDVクリニックの講座にも参加し，エプスタイン教授，スタッフ，学生仲間との話合いにも助けられた。クリニックでのゲストスピーカーの講演も有益であった。多忙な業務の中から時間を割いて，筆者の拙いインタビューに辛抱強く付き合ってくれた関係者の方々に，心から感謝している。

　調査を一応終えて帰国するときに，ぼんやりとしてではあるが，ワシントンD.C.の裁判所が自ら率先して司法制度改革を行い，人権救済という本来の目的を回復しようとしている実情が分かったように思えた。また，人権の救済にあたっては，司法制度だけでは限界があり，地域のNGOなどの市民

社会と連携，協働することが，実質的な救済の確保につながることを改めて実感した。

　帰国後に，日本でもDV防止法を策定しようという動きが急速に現実的なものになっていること，被害者を救済する具体的な方策，とくに民事保護命令（CPO）の存置の是非が決定的に重要な論点になっていることを知った。本書は，短期間でまとめたものであるが，実効的なDV防止法の制定に向けて少しでも役に立てば幸いである。

　なお，調査を支援し，助言をしてくれた多くの方々に，この場を借りて御礼を申し上げたい。とくに江橋崇先生には，常に厳しくも暖かいご指導をいただいた。エプスタイン教授には，この調査研究をリードし，日本にも来ていただいた。本当にお世話になった。DV法廷の実際を知りたいという一念が空回りしてくじけそうになった筆者を励ましてくださった両先生に深く感謝したい。ミリケン判事は，現職裁判官という重要で多忙なお仕事であるのに，私たちのフォーラムに参加するために日本に来てくださった。問題解決に献身的で誠実なそのお姿には深く敬意を表する。ミリケン判事が日米フォーラムでご紹介くださったミュージックビデオ（本書49頁）は，「a collection of hit videos」に収録され，ソニー・ミュージックエンターテイメントから発売され，日本でも購入できる。また，本書の担当者は大西であるが，報告その他ワシントンD.C.滞在中も電子メール等を通じて温かく見守ってくれたNMPの研究仲間なしにはこの研究がありえなかったことも記しておきたい。

　2001年3月

大西　祥世

国内人権システム国際比較プロジェクト
(National Machinery Project, NMP研究会)

構成メンバー（五十音順）

　　石川えり　　（難民支援協会理事）
　　大石竜也　　（新潟大学大学院法学研究科修士課程）
　　大河原康隆　（法政大学大学院社会科学研究科修士課程）
　　大西祥世　　（法政大学大学院社会科学研究科博士後期課程）
　　大原　晋　　（大阪大学大学院国際公共政策研究科博士後期課程）
　　金子匡良　　（法政大学大学院社会科学研究科博士後期課程）
　　河村浩城　　（早稲田大学大学院法学研究科博士後期課程）
　　川村真理　　（神戸大学大学院国際公共政策研究科博士後期課程）
　　窪　誠　　　（大阪産業大学経済学部助教授）
　　佐藤敬子　　（新潟大学大学院法学研究科修士課程）
　　猿田佐世　　（アムネスティ・インターナショナル）
　　土井香苗　　（弁護士）
　　野上典江　　（青山学院大学大学院国際政治経済学研究科博士後期課程）
　　野沢萌子　　（名古屋大学大学院国際開発研究科博士後期課程）
＊　藤本俊明　　（神奈川大学・東京学芸大学講師）
　　細川幸一　　（国民生活センター，
　　　　　　　　一橋大学大学院法学研究科博士後期課程）
＊＊山崎公士　　（新潟大学法学部教授）
　　山科真澄　　（新潟大学法学部学生）

＊＊研究会代表，＊研究主任

NMP研究会（第1部・第2部）
1998年設立
代表　山崎公士（新潟大学法学部教授）
事務所　106-0032東京都港区六本木3-5-11　人権フォーラム21気付
http://www.mars.sphere.ne.jp/jhrf21
出版物『世界の国内人権機関』解放出版社・1999年
『国内人権機関の国際比較』現代人文社・2001年

大西　祥世（第3部）
1974年生
法政大学大学院社会科学研究科法律学専攻博士後期課程
著作「女性行政におけるオンブズパーソン制度」法学セミナー529号・1999年
「女性行政と憲法学に関する一考察」法政法学24号・1999年
「自治体女性行政の比較研究」法學志林98巻3号・2001年（共著）

ドメスティック・バイオレンスと裁判
—日米の実践—

2001年3月30日　第1版第1刷発行

編　者：NMP研究会・大西　祥世
発行人：成澤壽信
発行所：(株)現代人文社
　　　　〒160-0016　東京都新宿区信濃町20　佐藤ビル201
　　　　電話：03-5379-0307（代表）　　FAX：03-5379-5388
　　　　Eメール：genjin@gendaijinbun-sha.com
　　　　振替：00130-3-52366
発売所：(株)大学図書
印刷所：(株)ミツワ
装　丁：清水良洋
検印省略　PRINTED IN JAPAN
ISBN4-87798-054-7 C3032
©2001 National Machinery Project,　Sachiyo Onishi

本書の一部あるいは全部を無断で複写・転載・転訳載などをすること、または磁気媒体等に入力することは、法律で認められた場合を除き、著作者および出版者の権利の侵害となりますので、これらの行為をする場合には、あらかじめ小社または編著者宛に承諾を求めてください。